32603

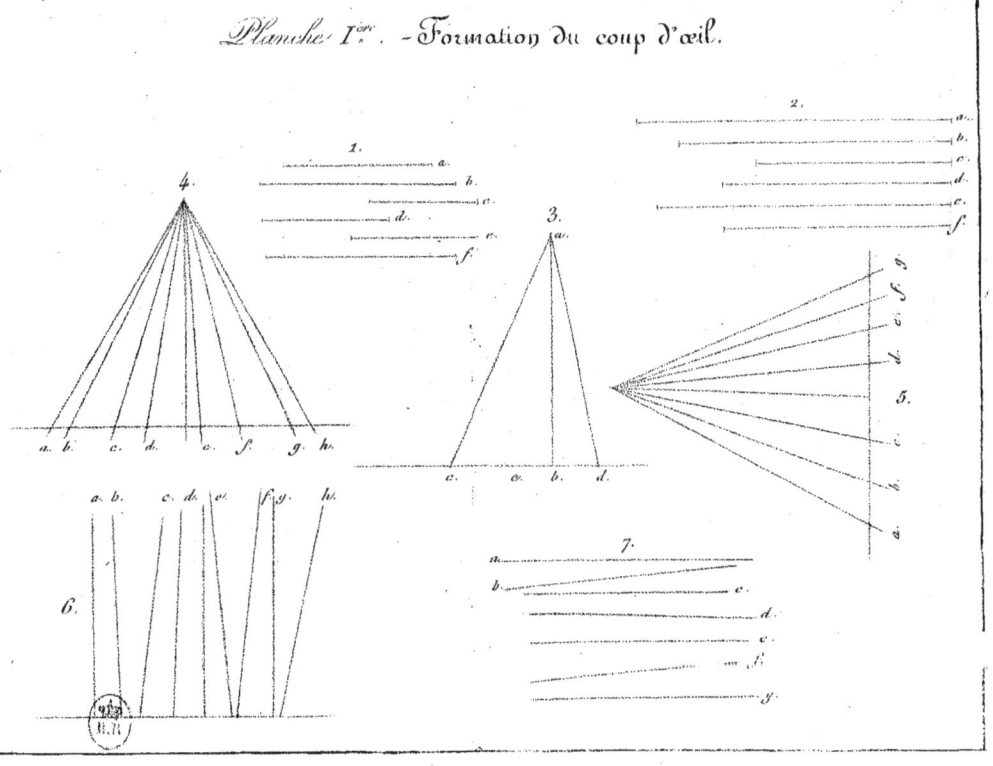

Planche I.ʳᵉ — Formation du coup d'œil.

Planche II — Formation du coup-d'œil

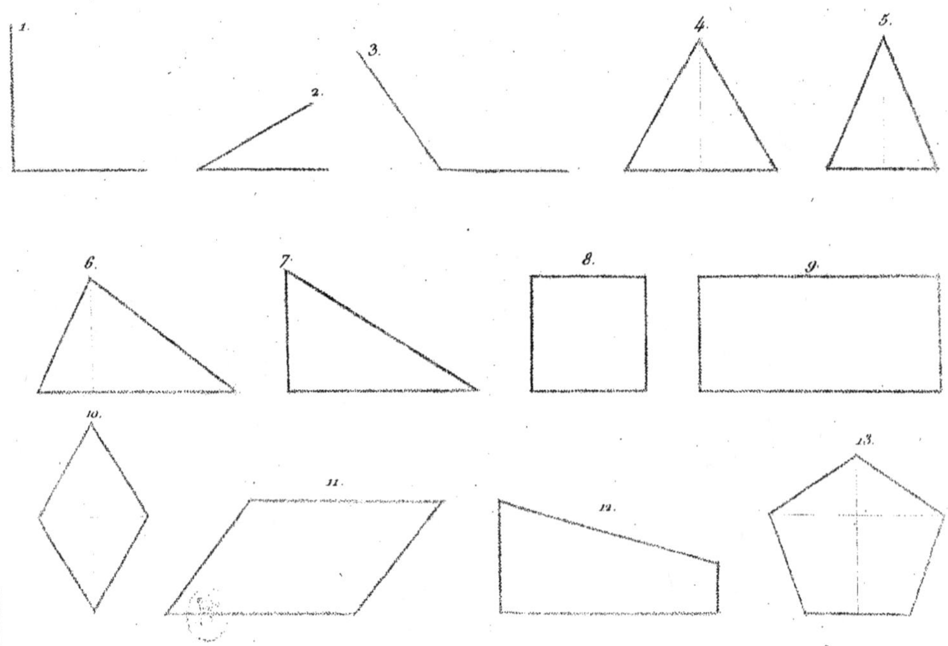

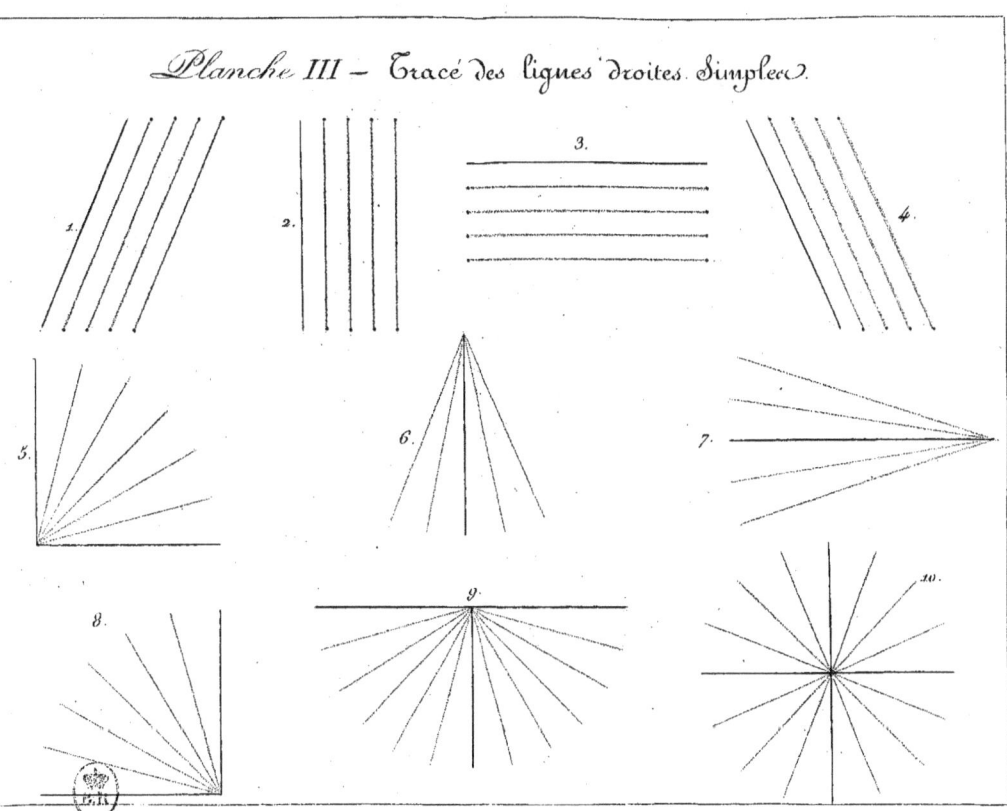

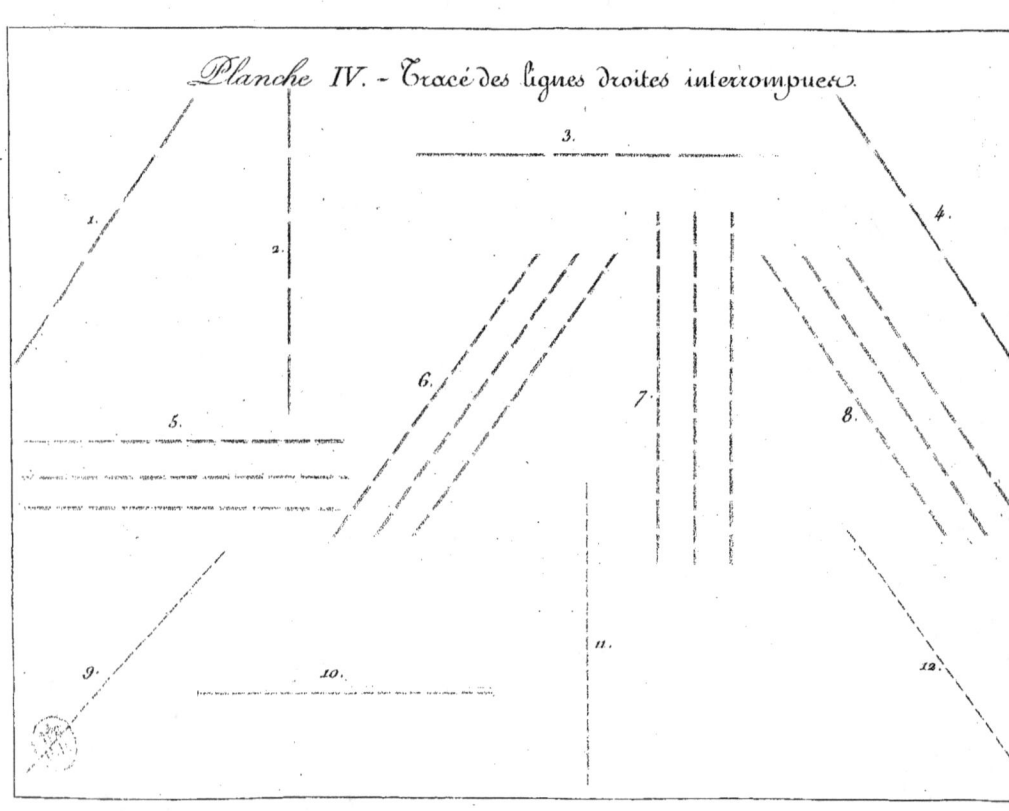

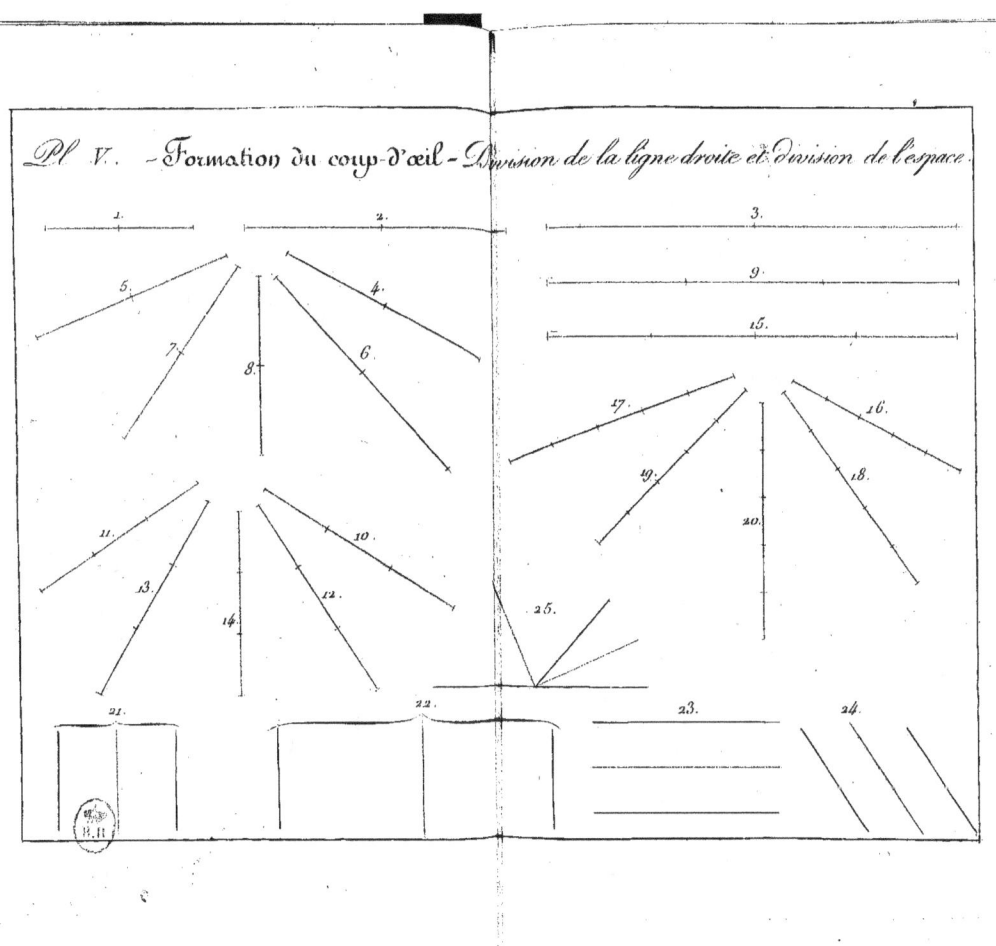

Pl. V. — Formation du coup-d'œil — Division de la ligne droite et division de l'espace.

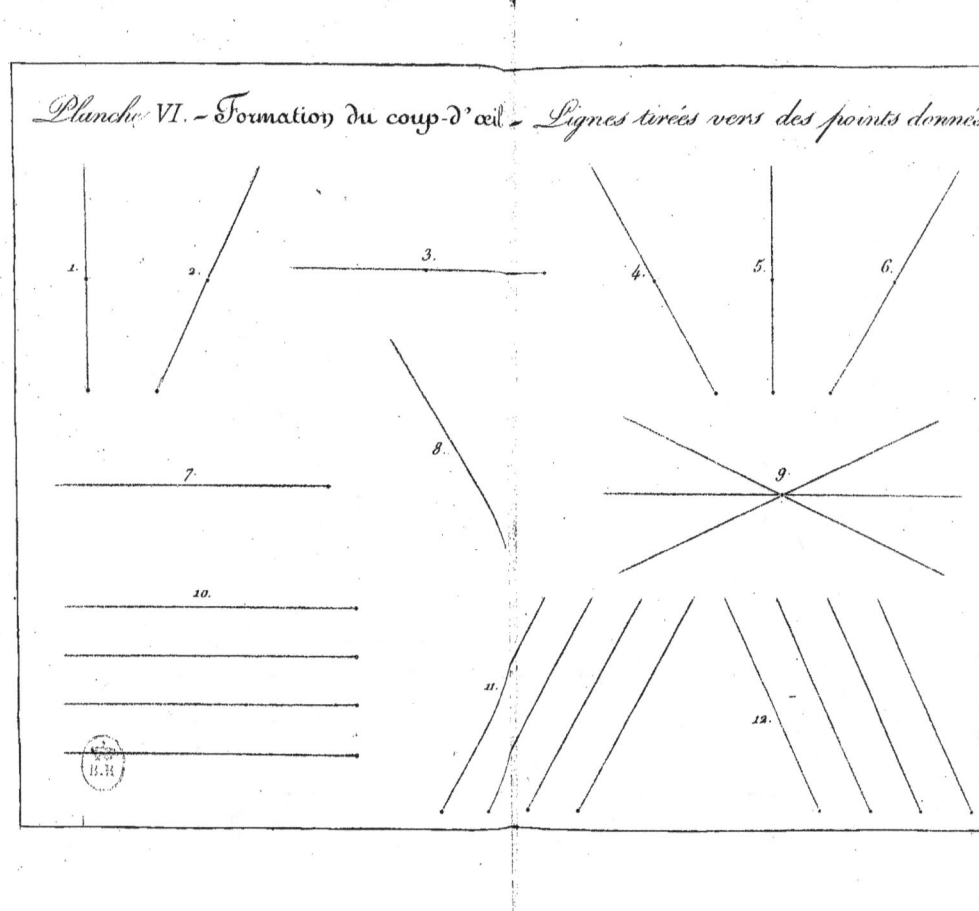

Planche VI. – Formation du coup-d'œil – Lignes tirées vers des points donnés

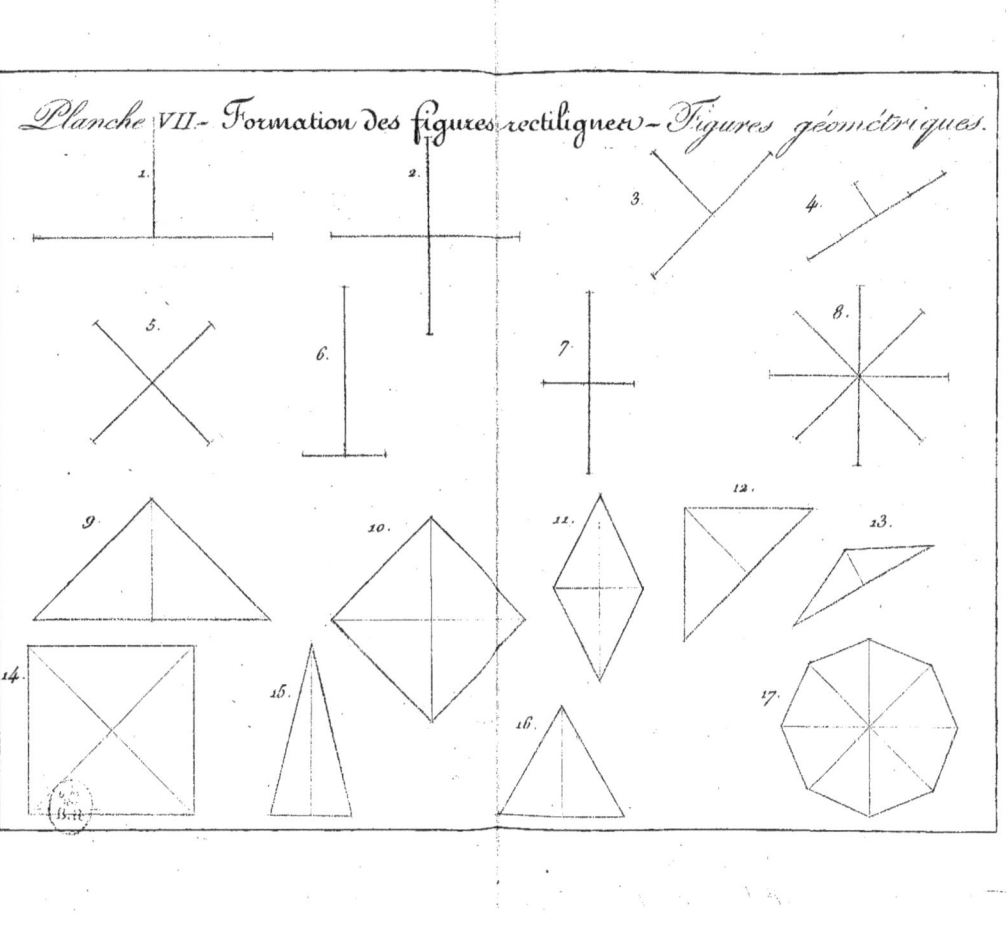

Planche VII.- Formation des figures rectilignes - Figures géométriques.

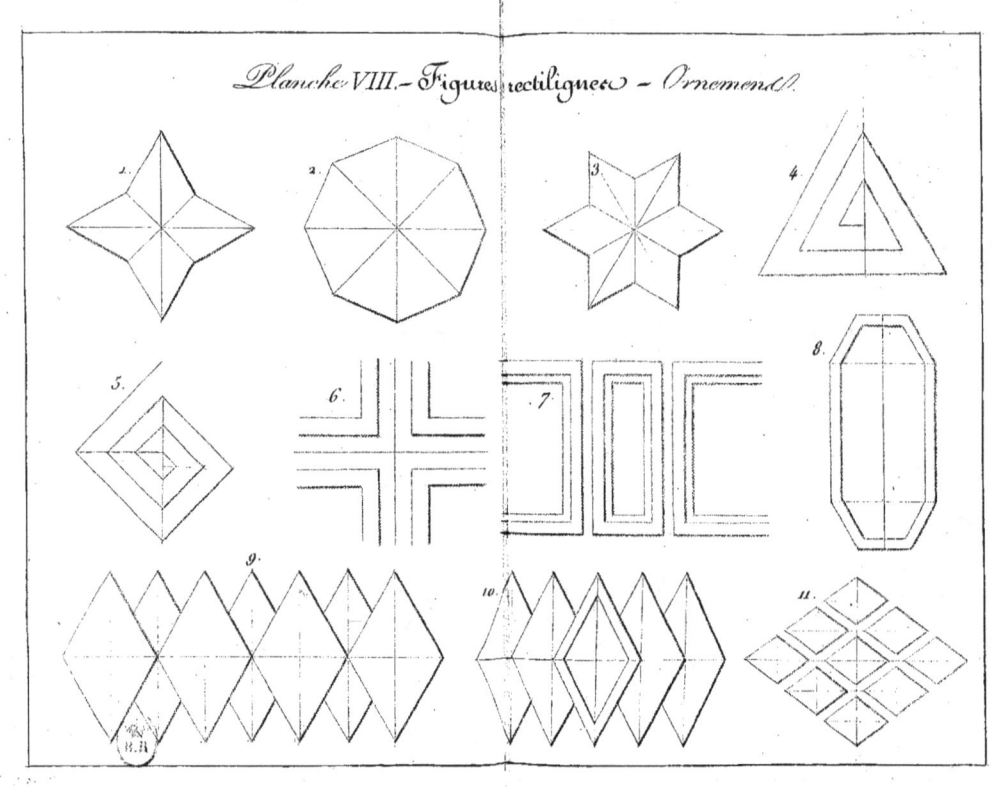

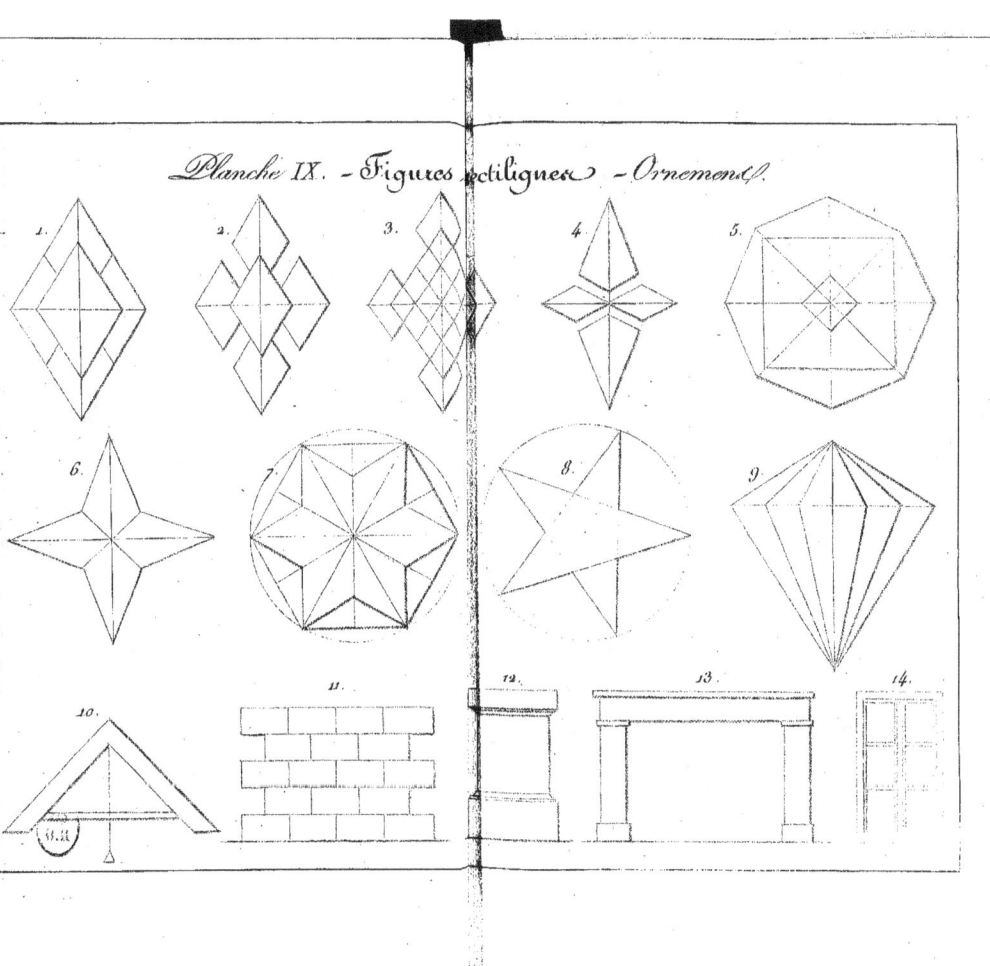

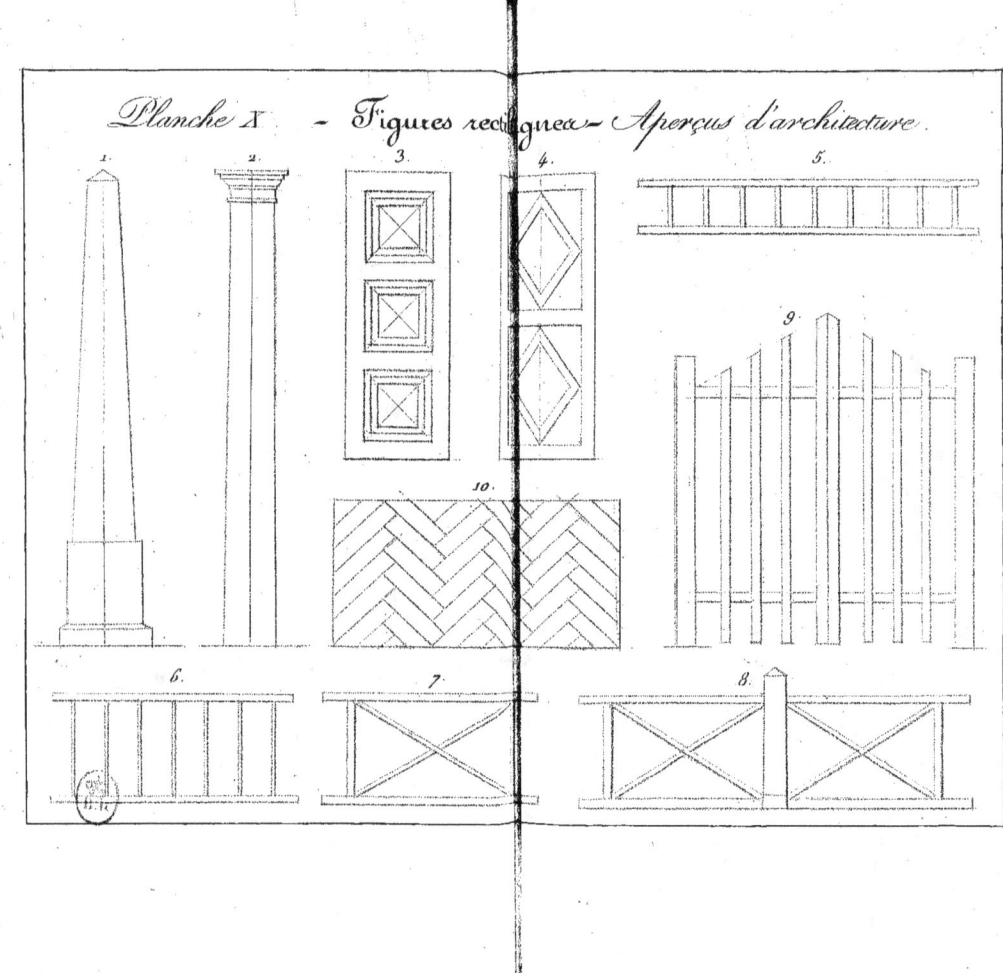

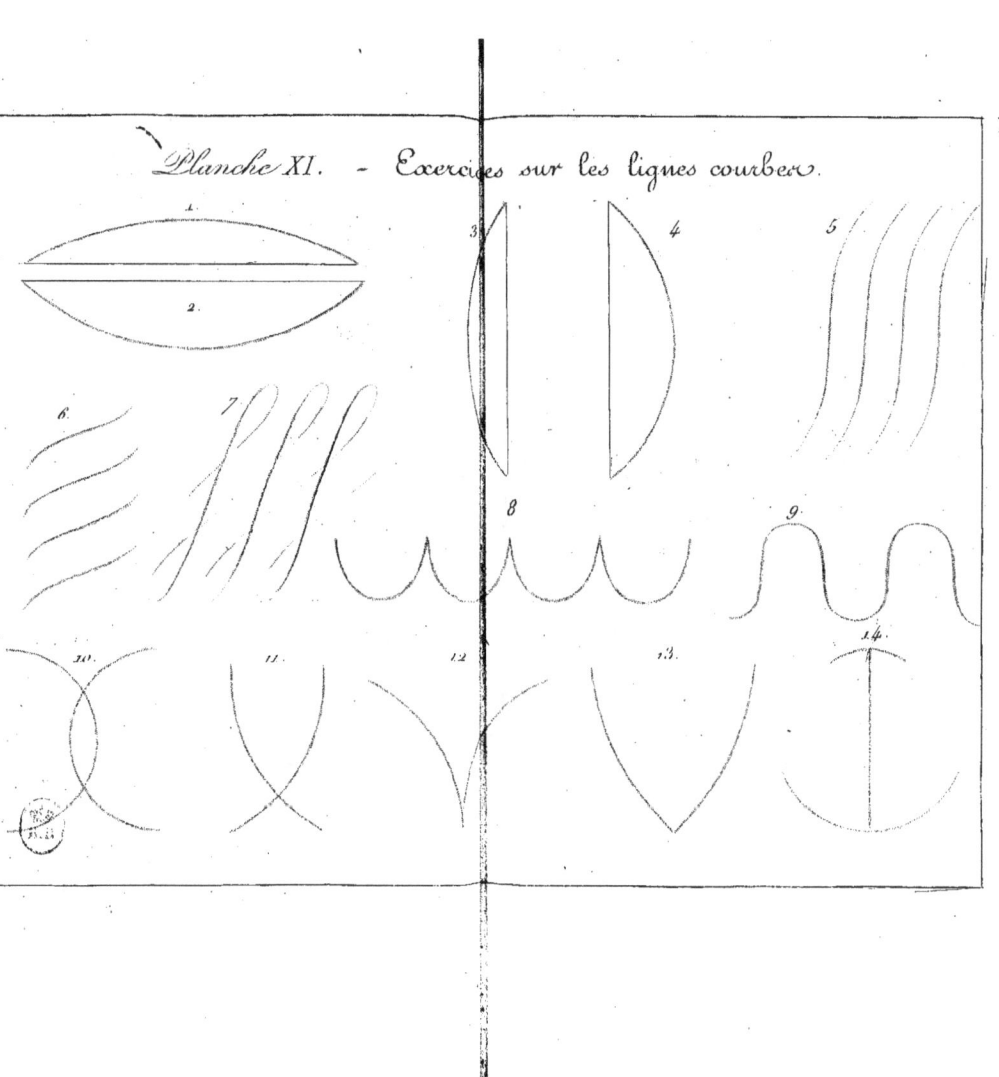

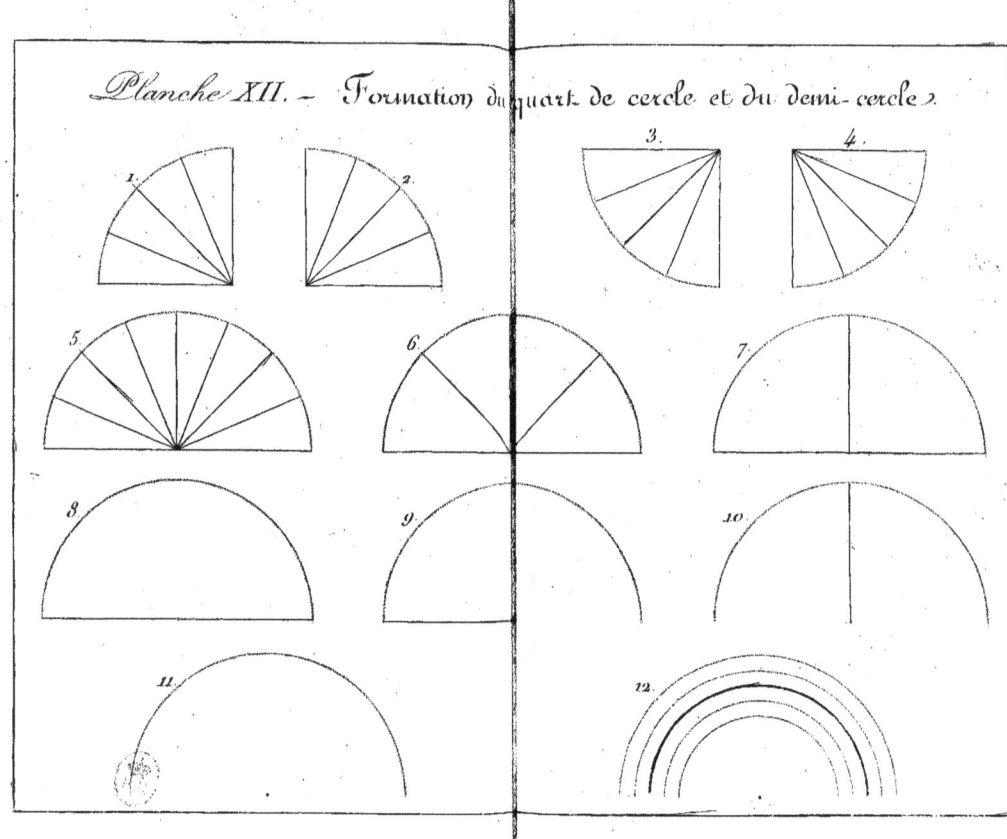

Planche XII. — Formation du quart de cercle et du demi-cercle.

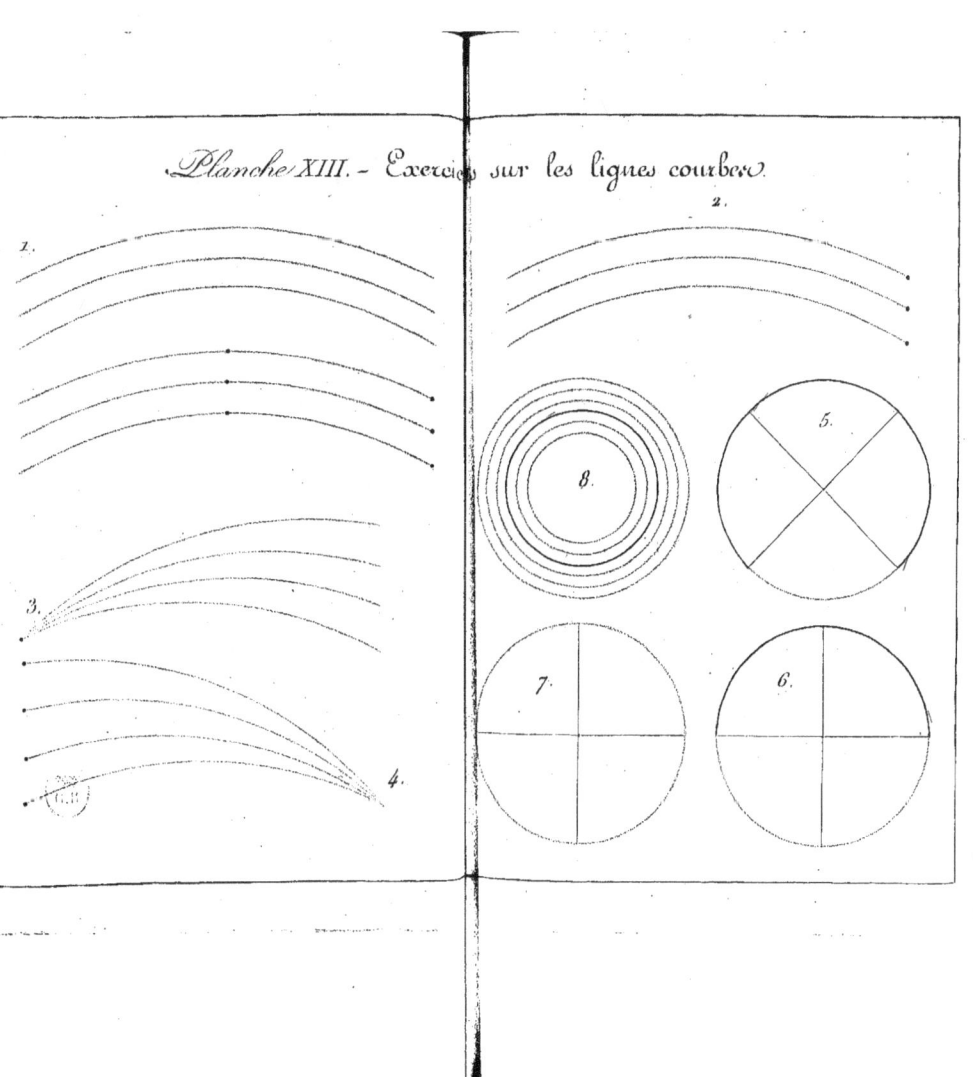

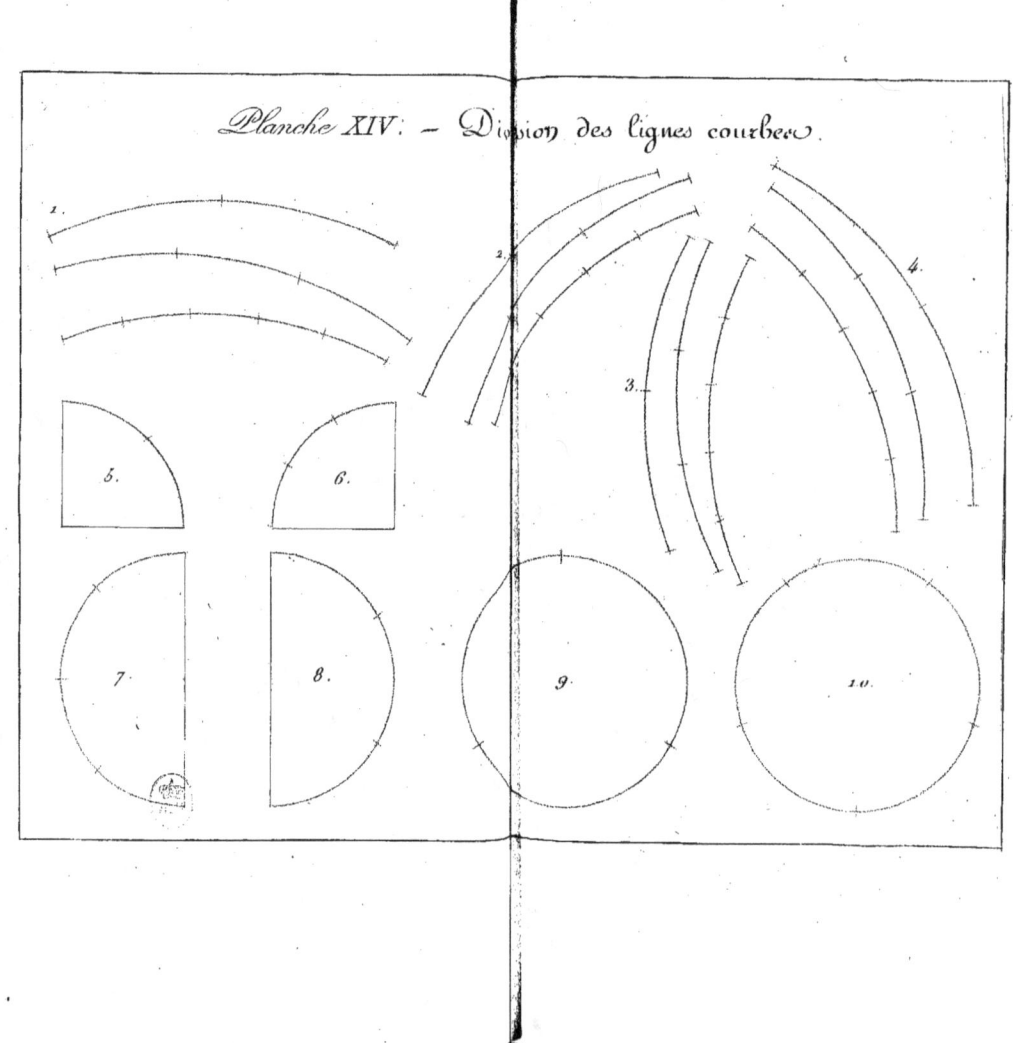
Planche XIV. — Division des lignes courbes.

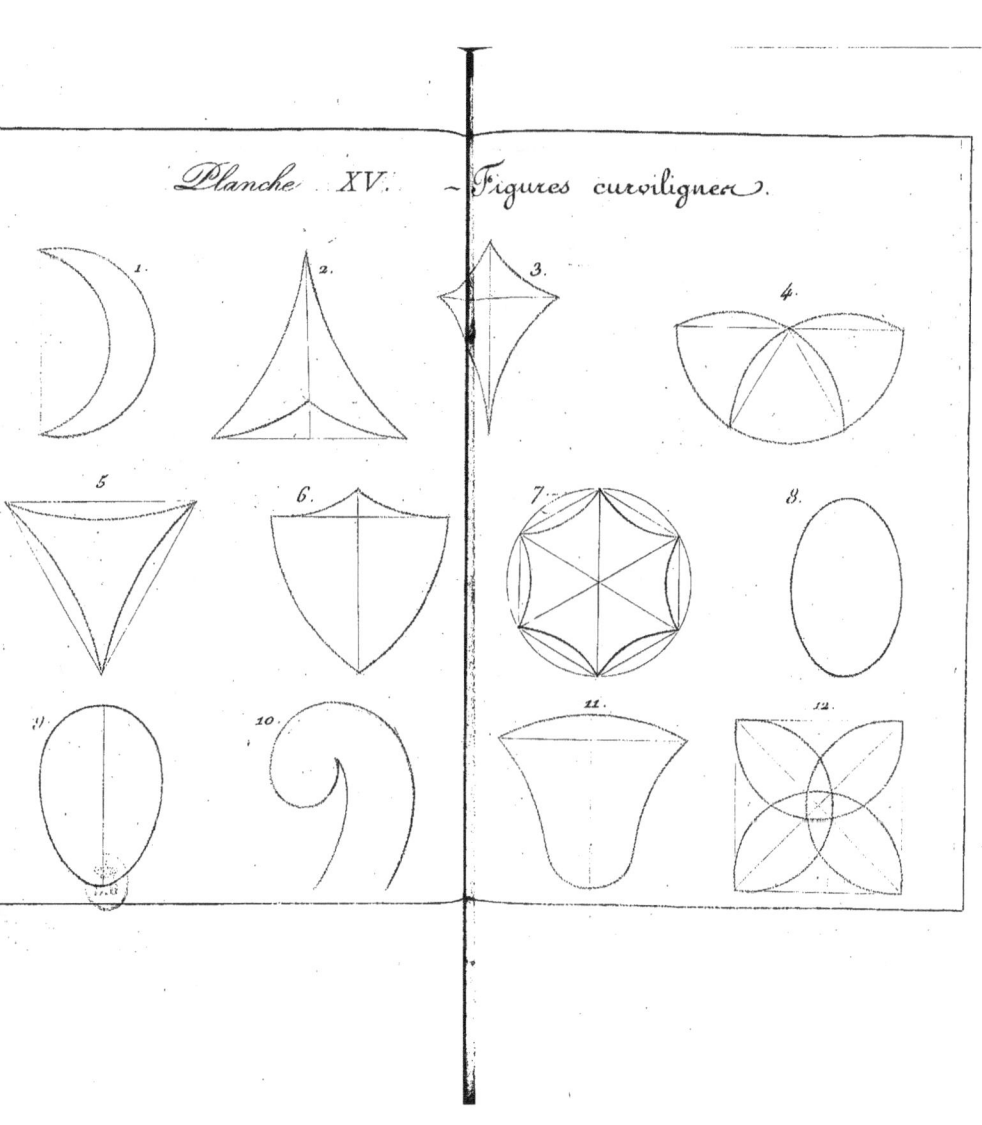

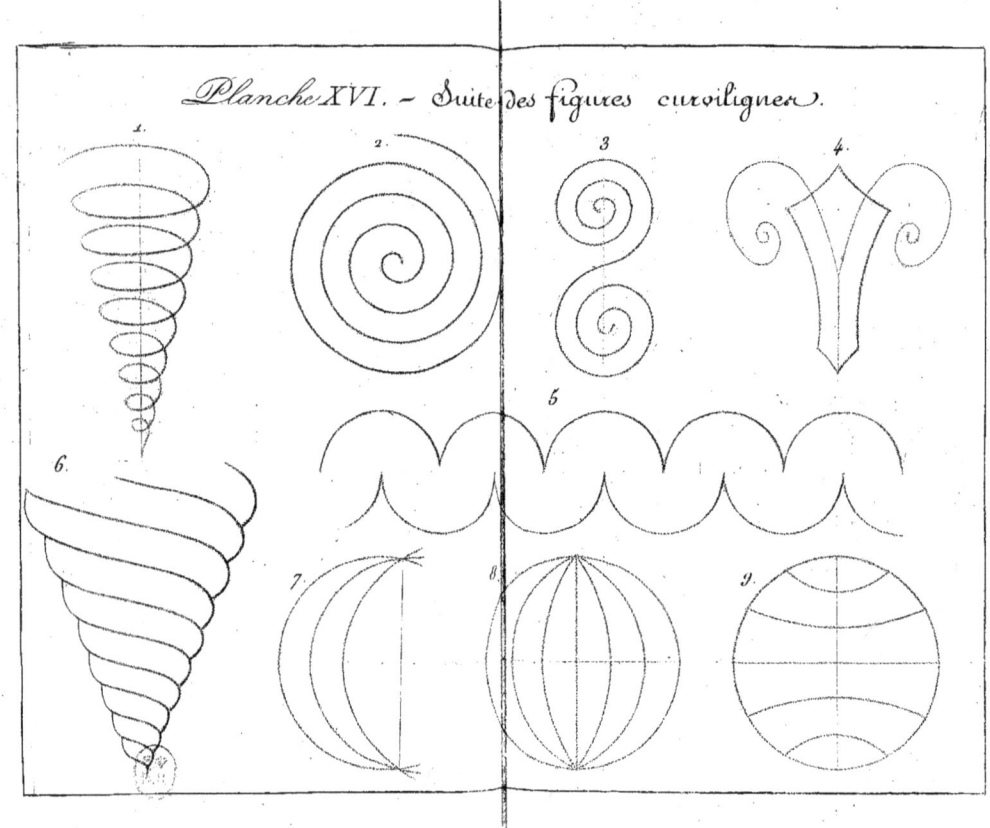

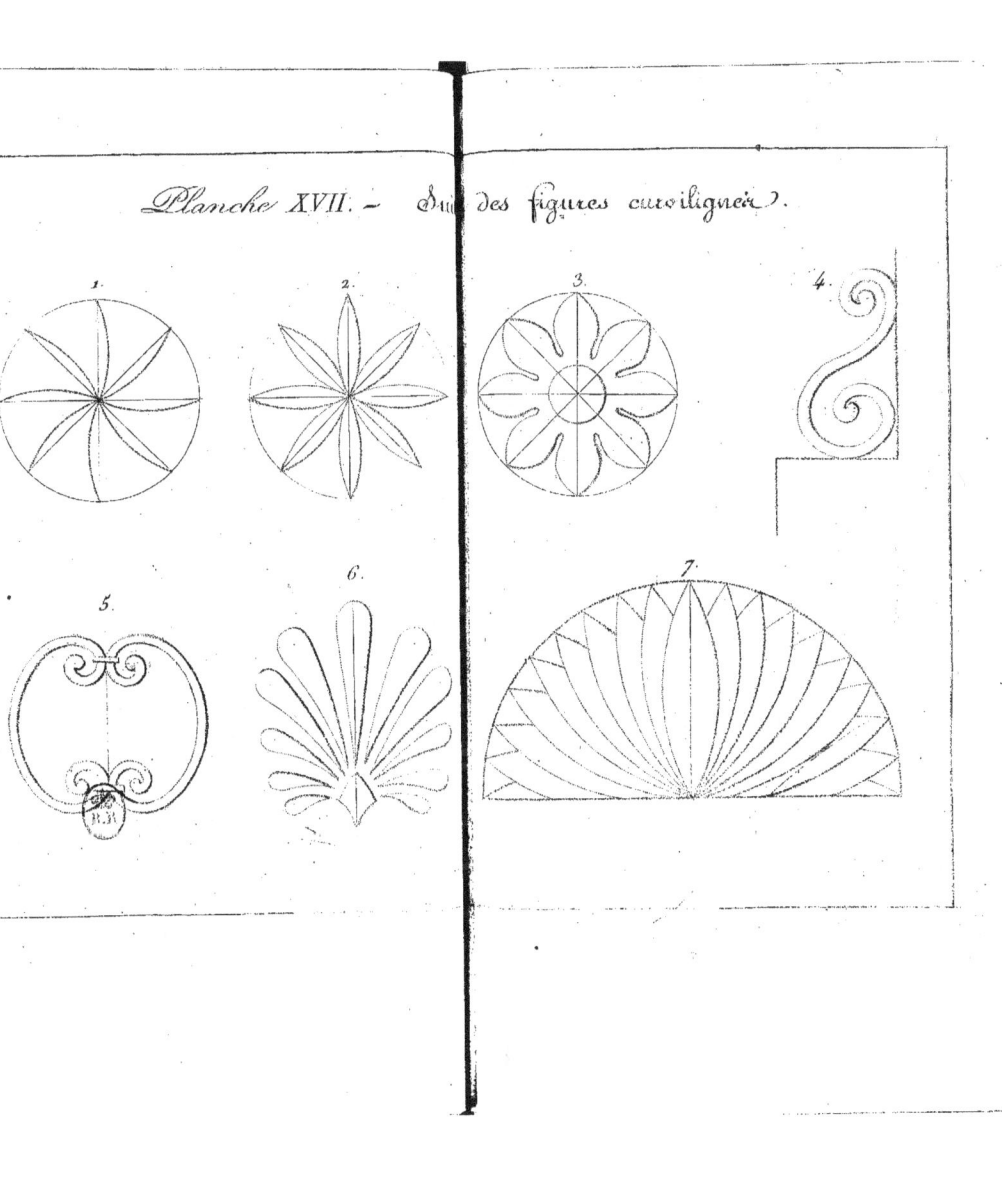

Planche XVII. — Suite des figures curvilignes.

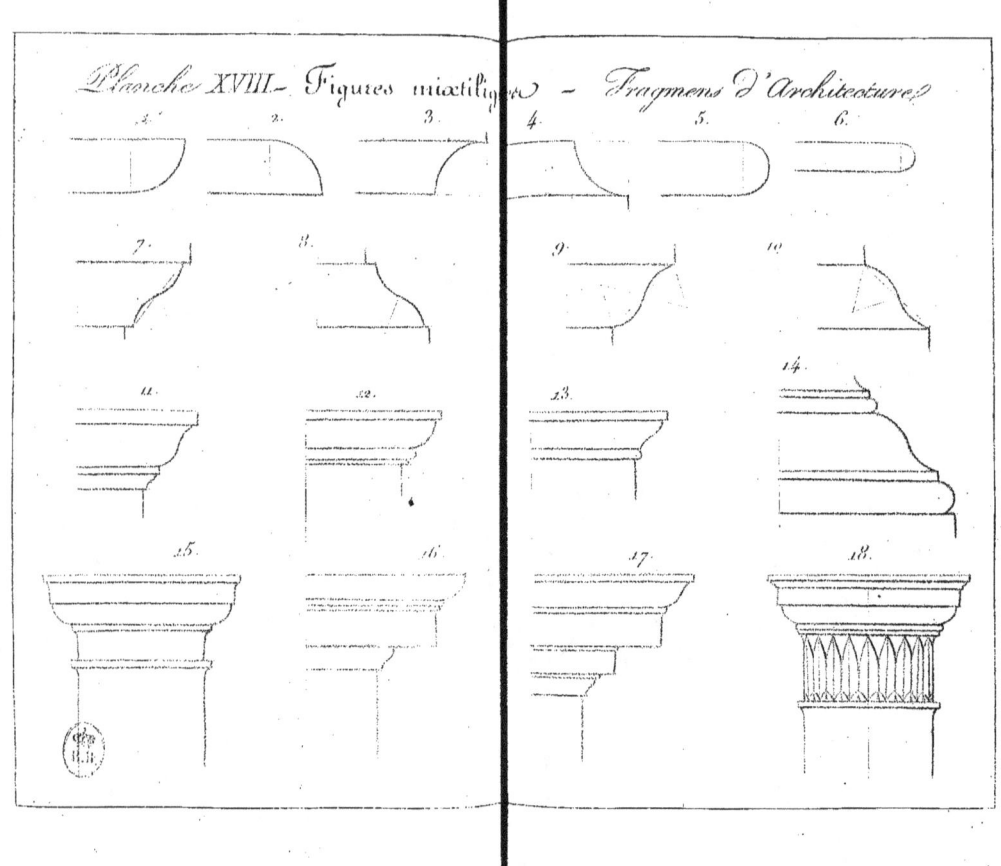

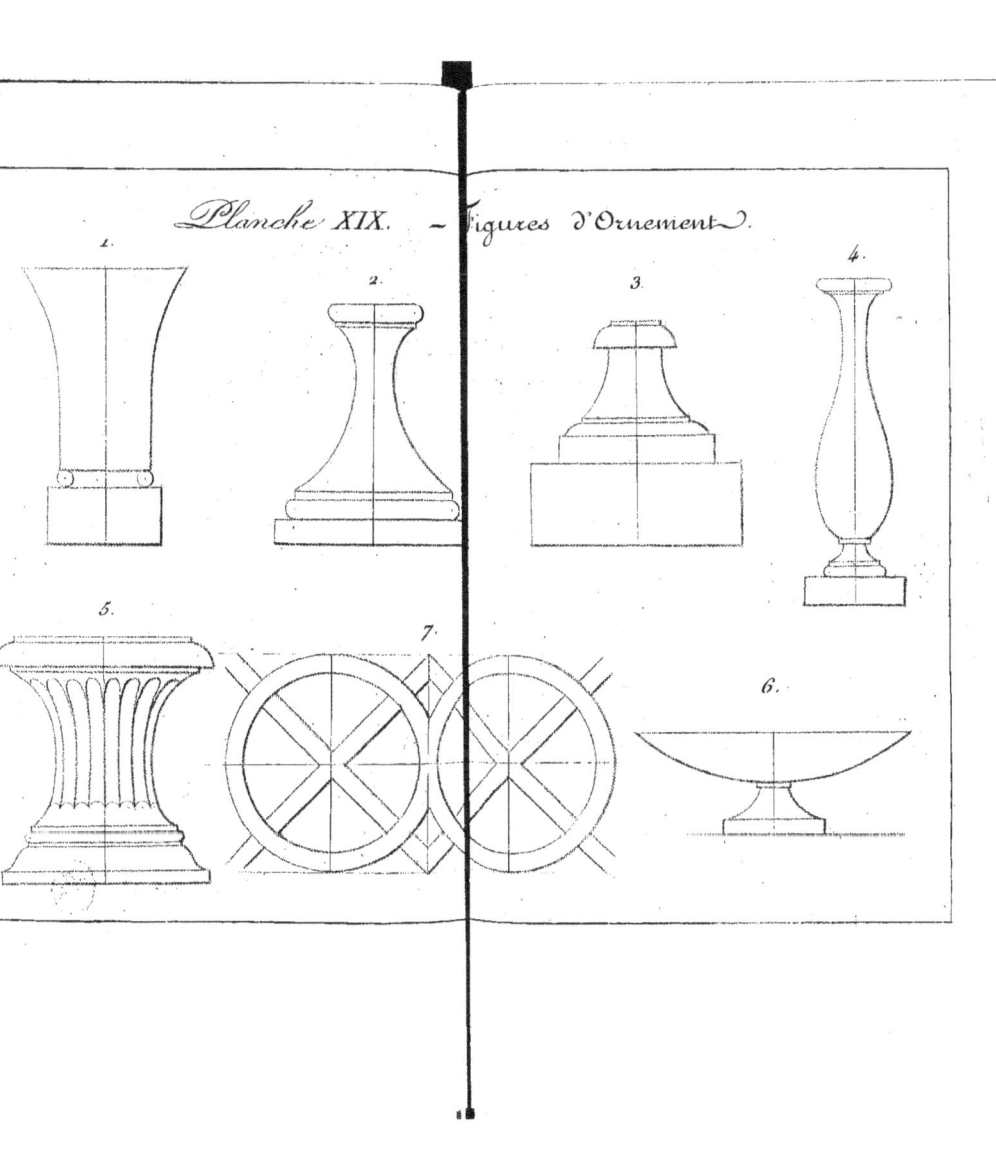

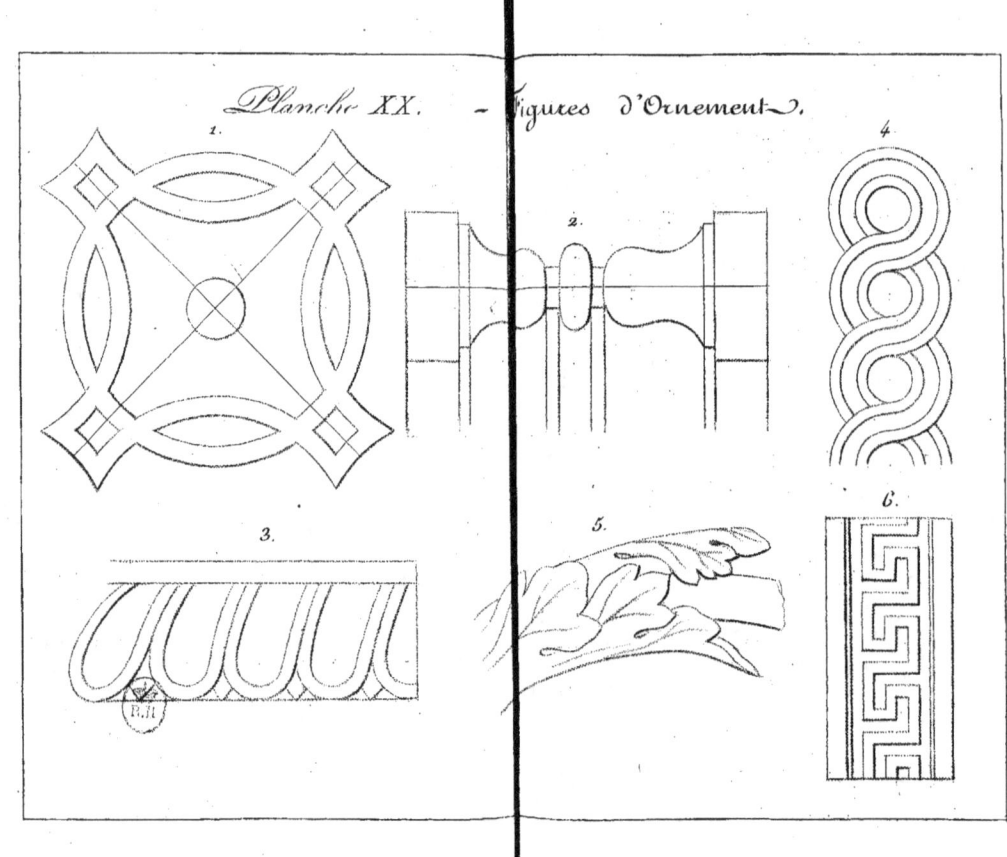

Planche XXI. — Spécimen de figures curvilignes et mixtilignes construites par les élèves avec un nombre donné de lignes.

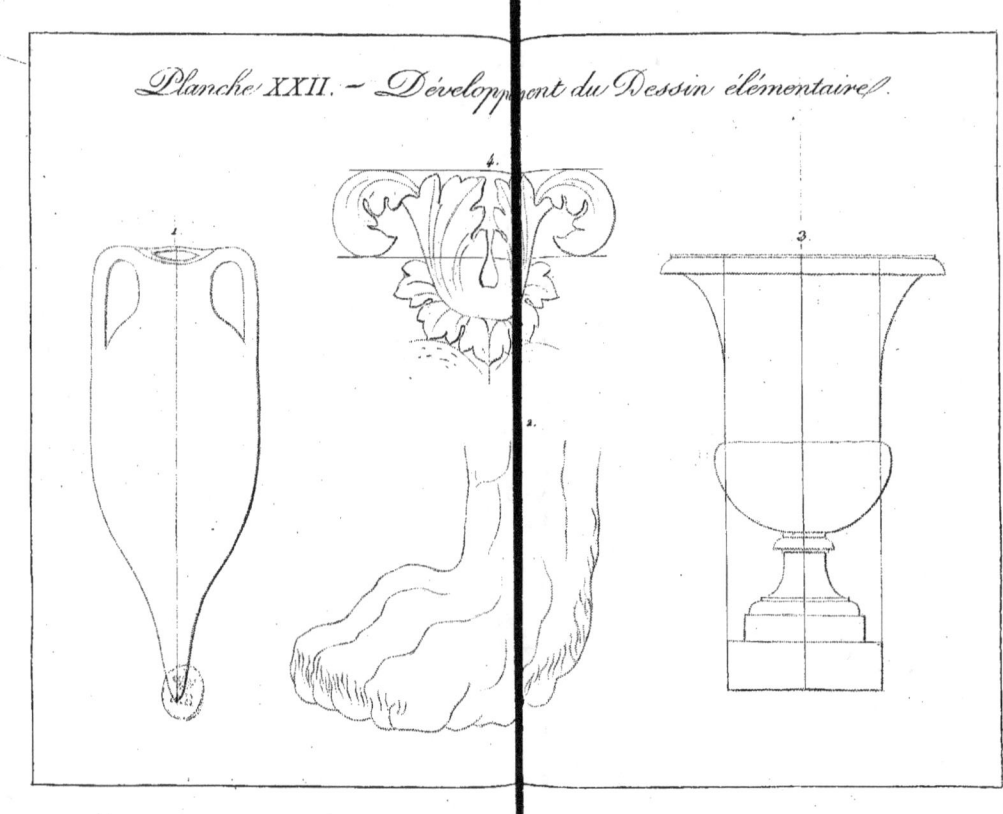
Planche XXII. – Développement du Dessin élémentaire.

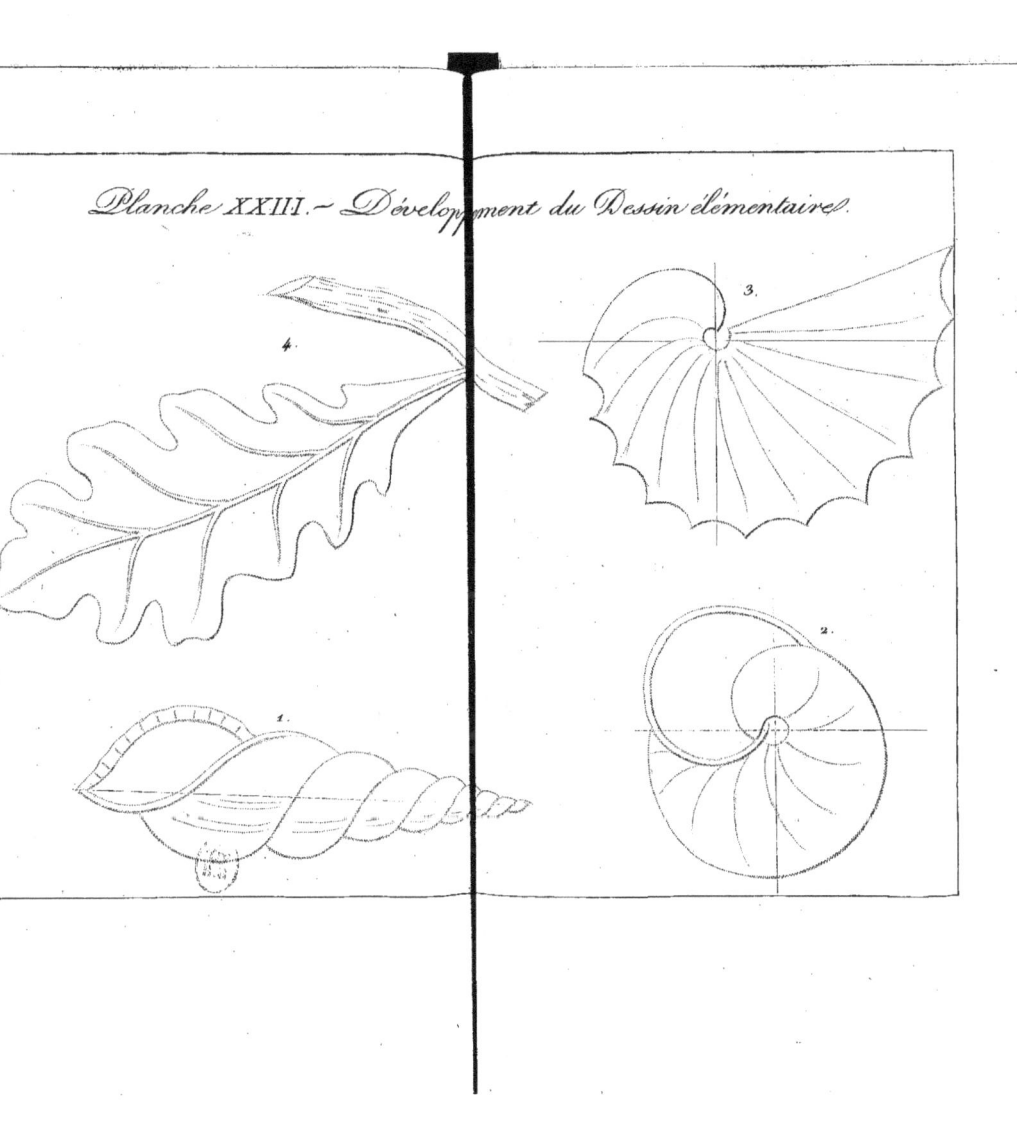
Planche XXIII. — Développement du Dessin élémentaire.

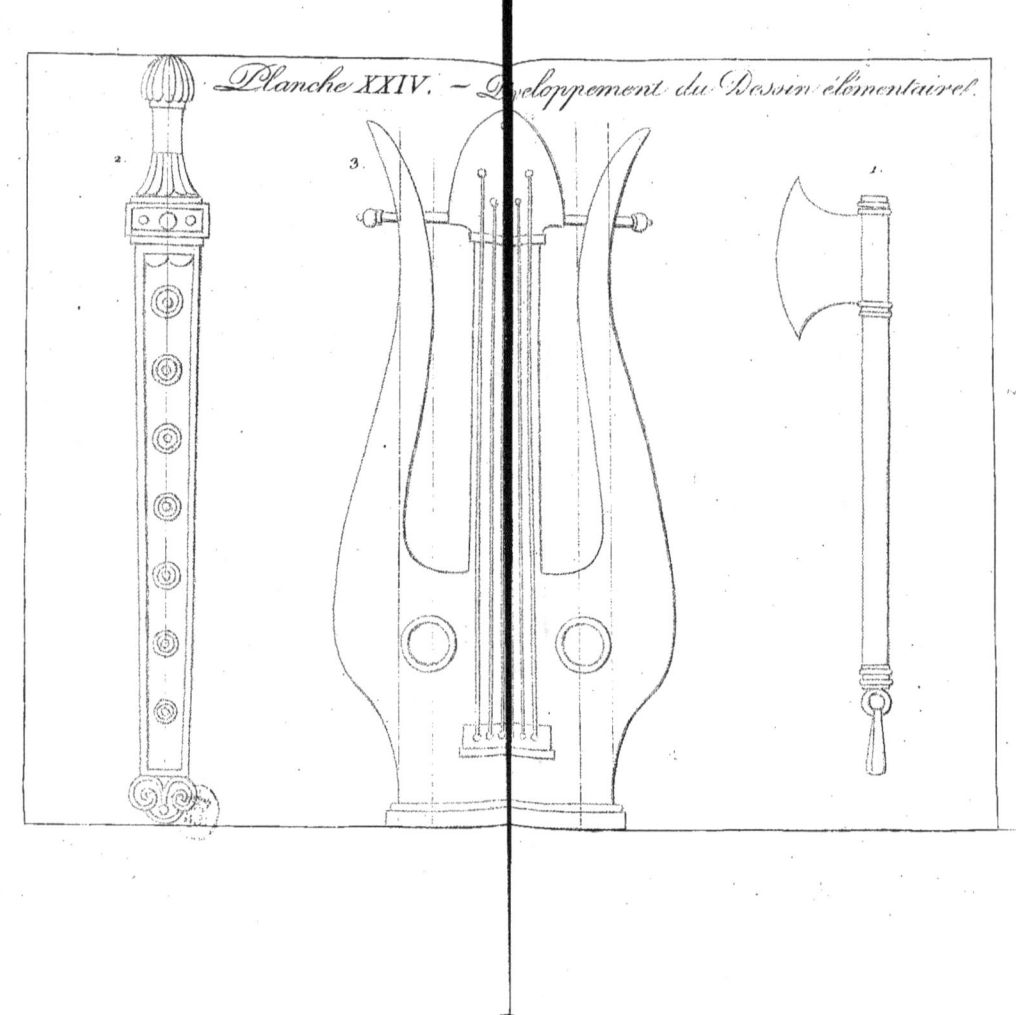

Planche XXIV. — Développement du Dessin élémentaire.

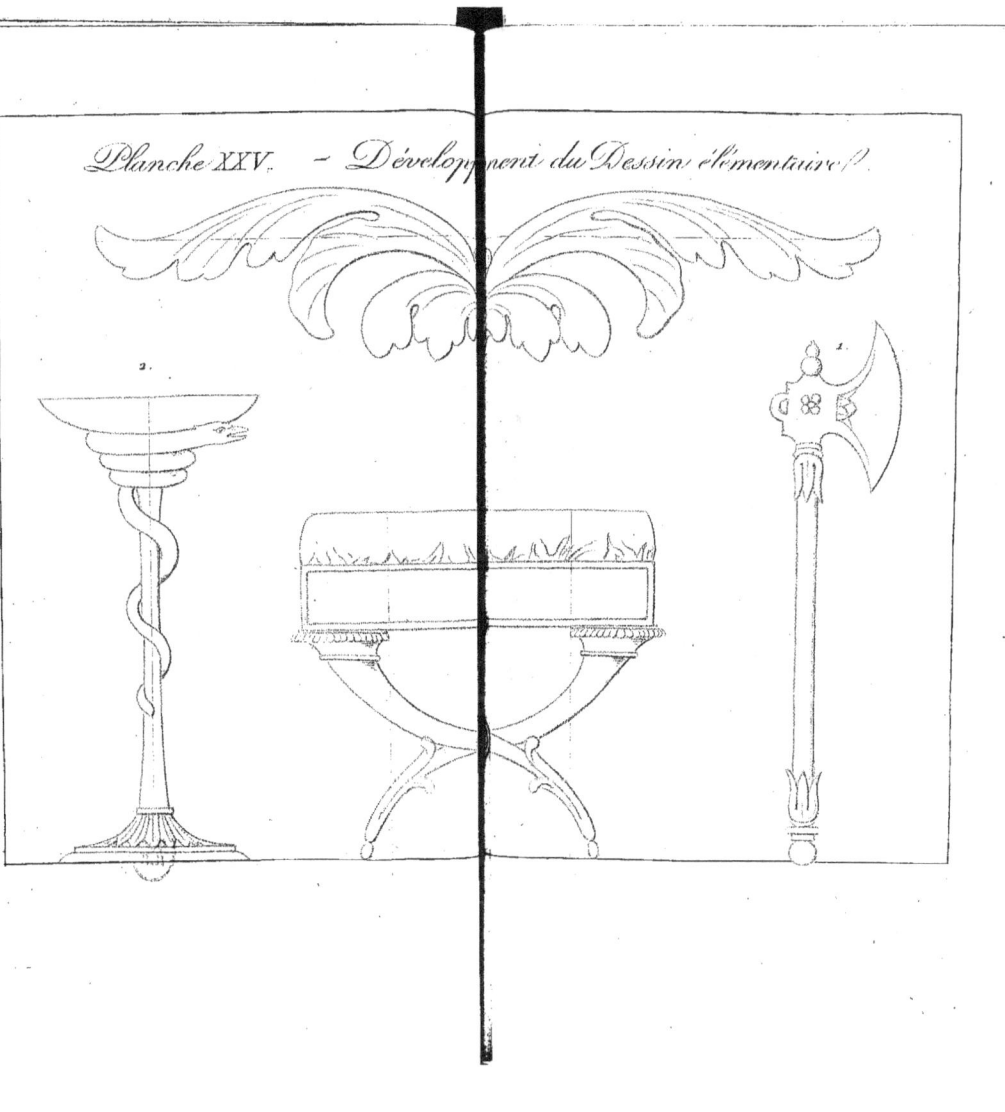
Planche XXV. — Développement du Dessin élémentaire.

Planche XXVI. — Développement du Dessin élémentaire.

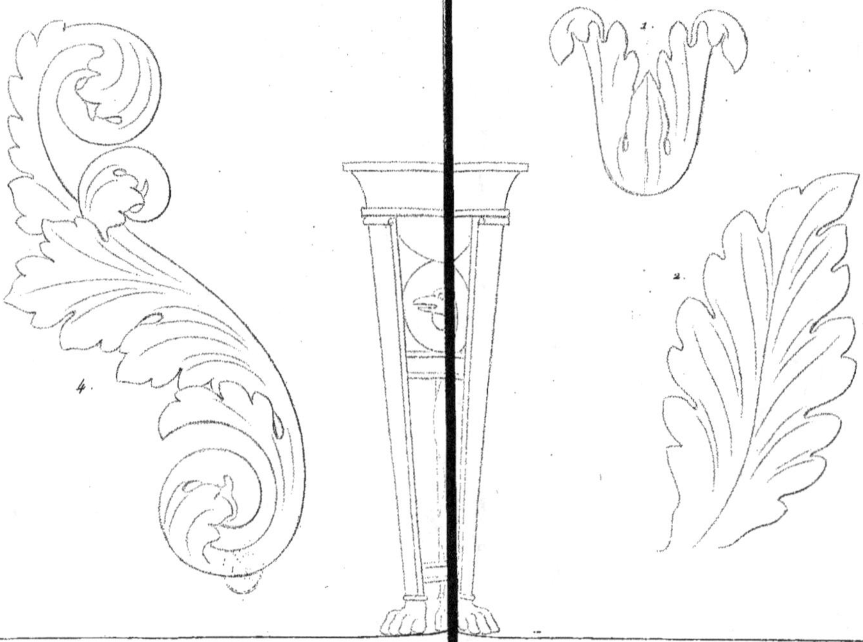

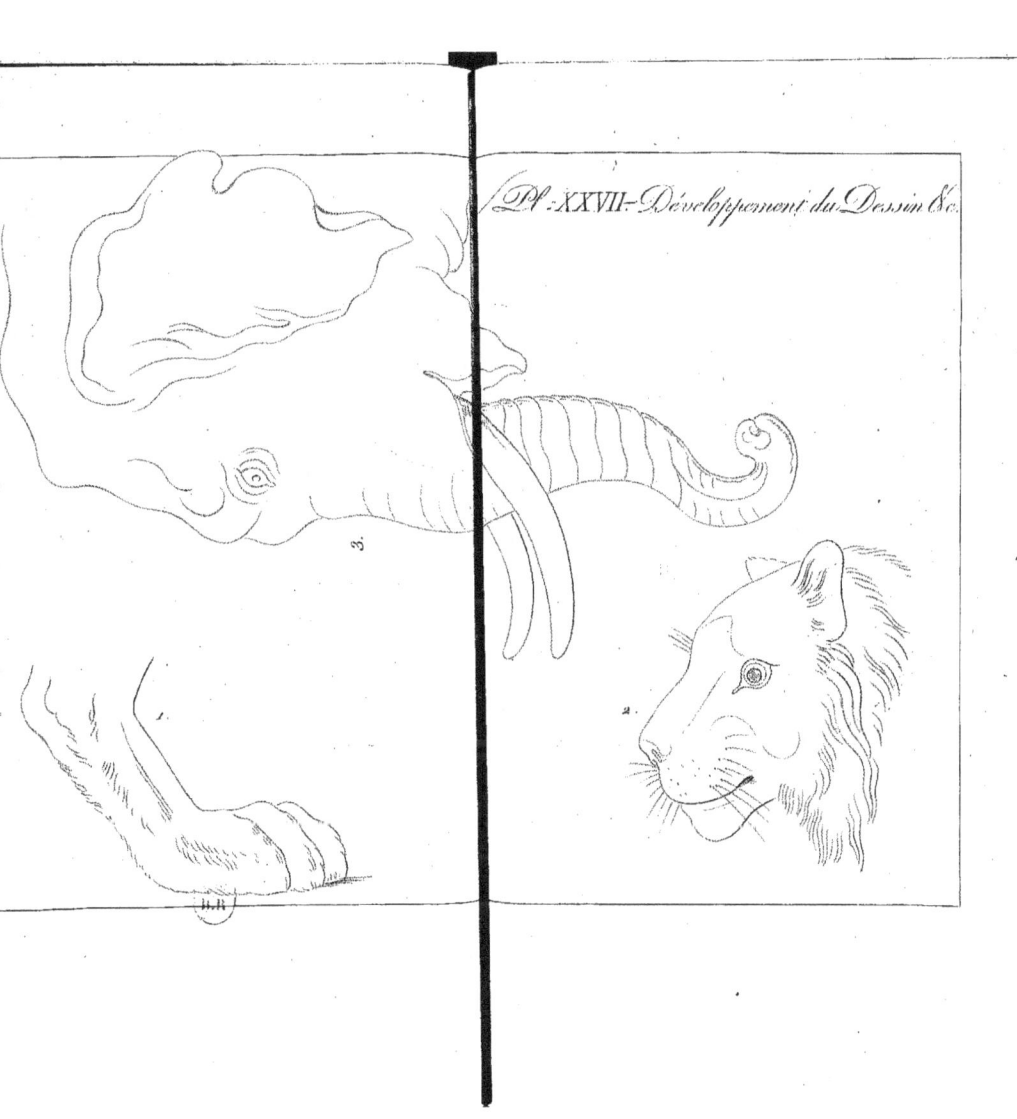

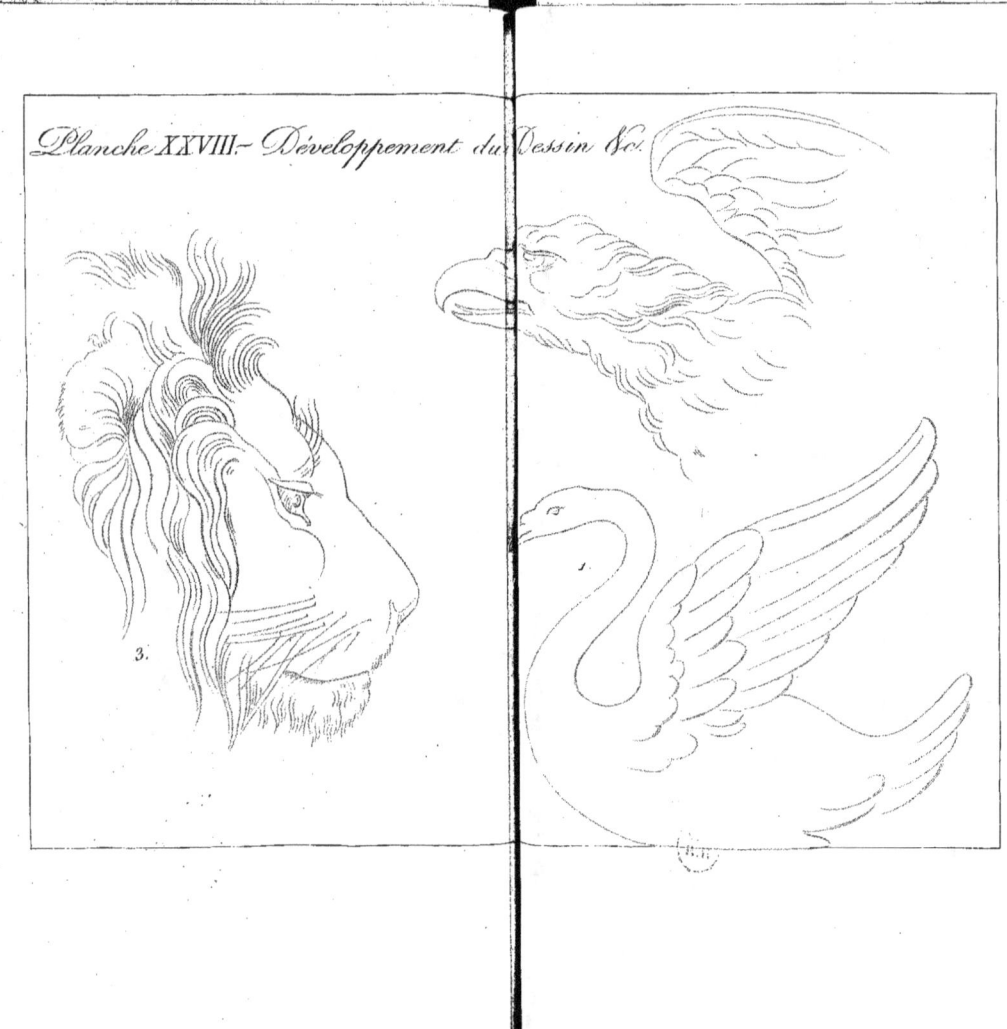
Planche XXVIII.- Développement du Dessin &c.

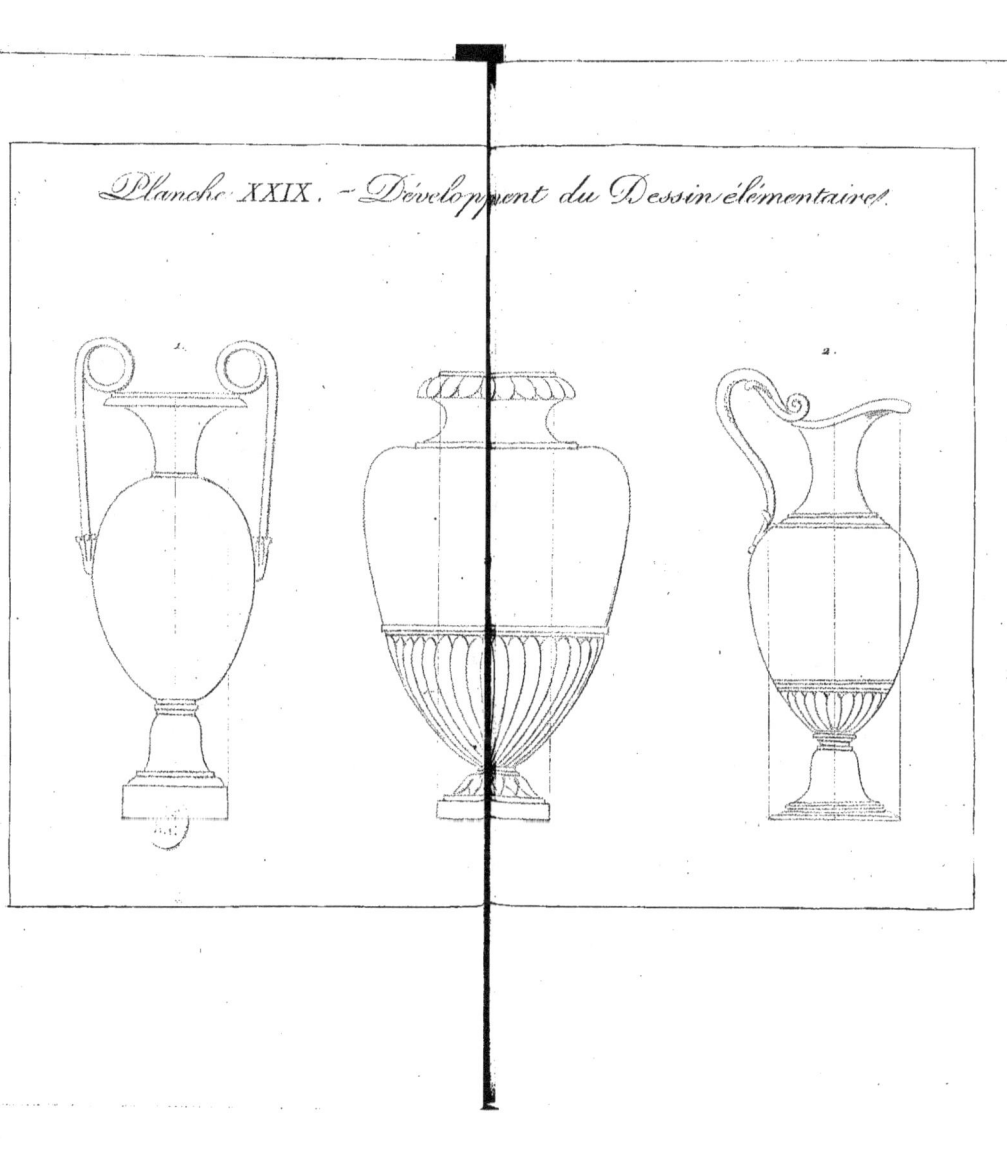

Planche XXIX. — Développent du Dessin élémentaire.

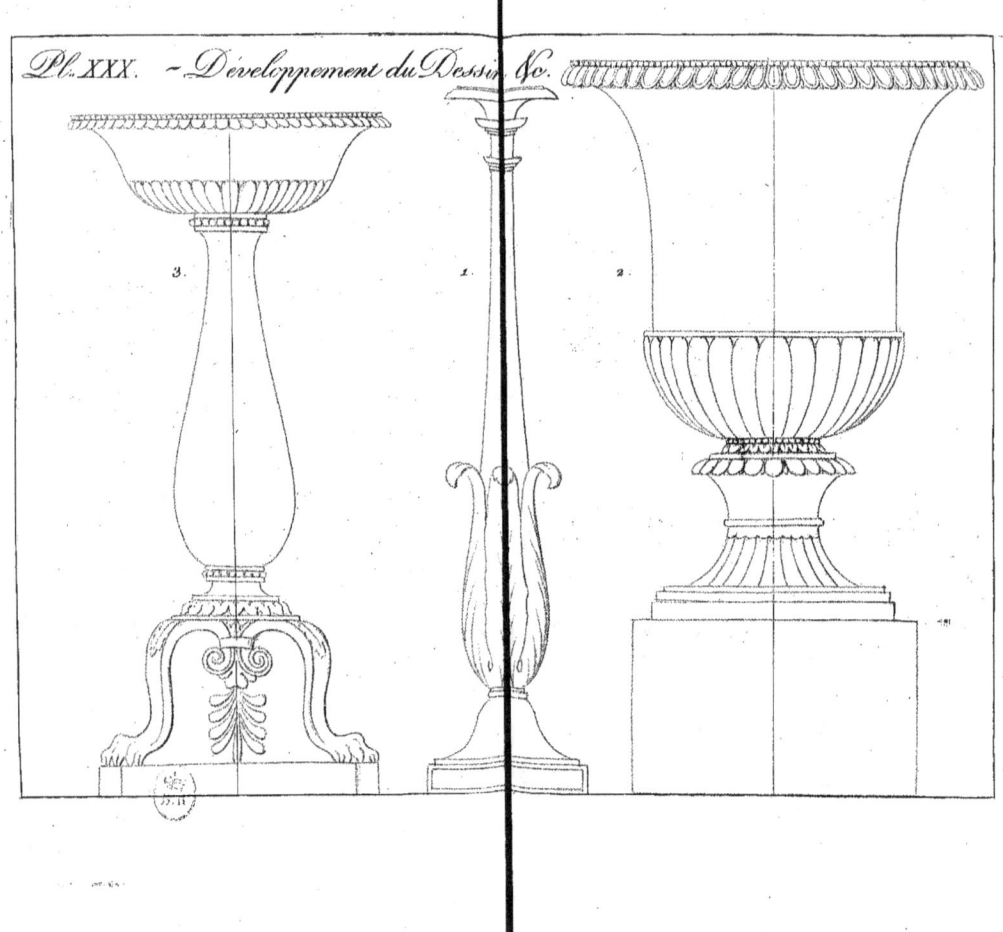

Pl. XXX. — Développement du Dessin &c.

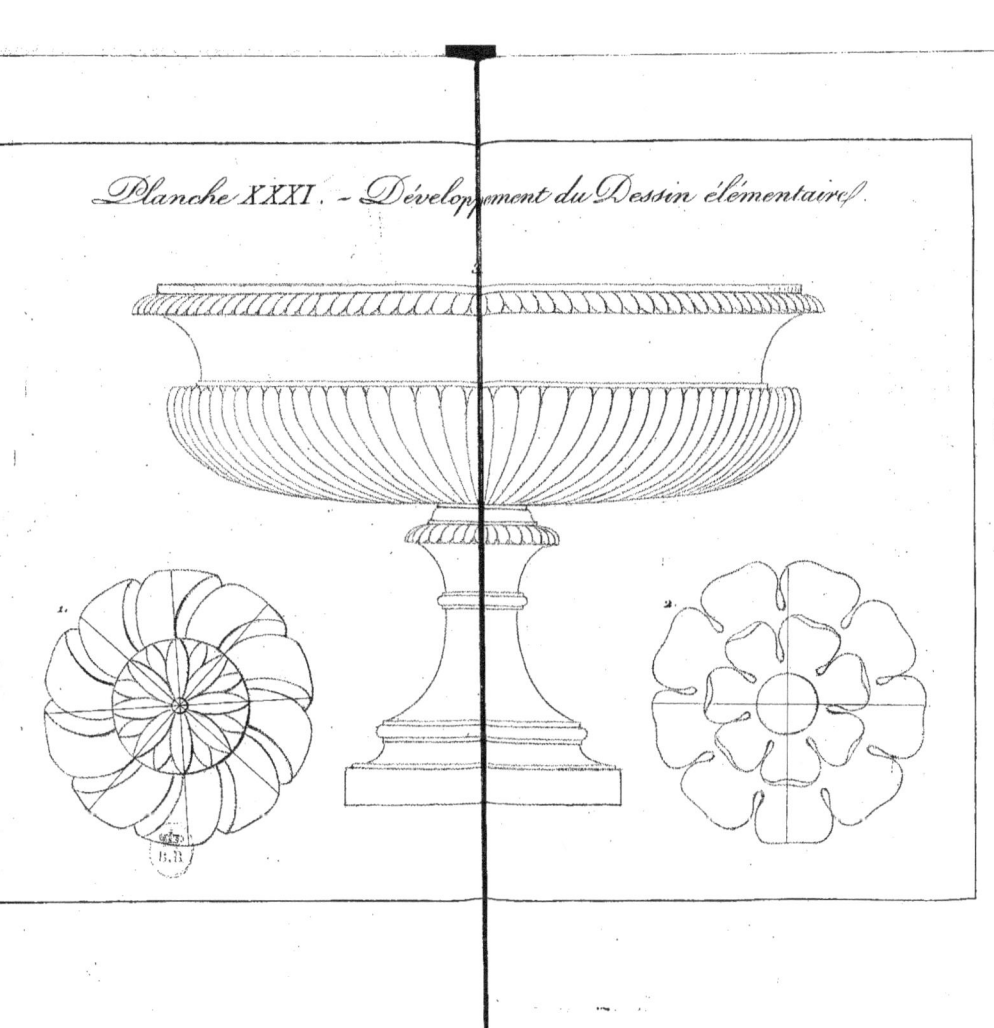

Planche XXXI. - Développement du Dessin élémentaire.

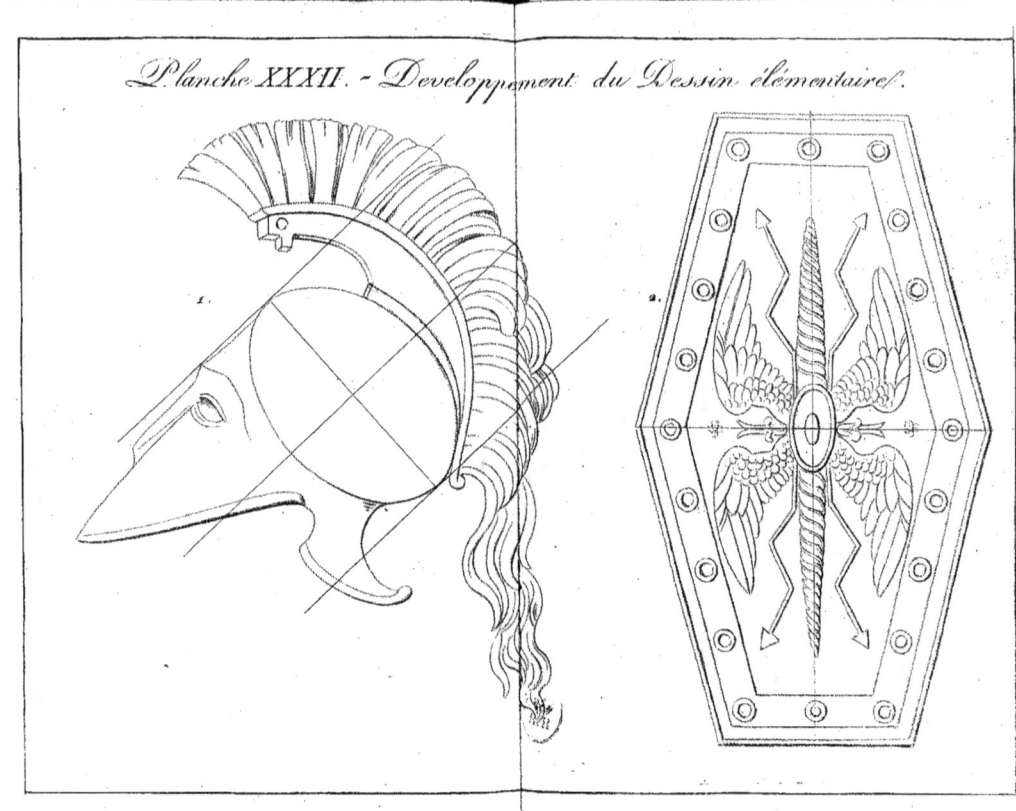

Planche XXXII. - Developpement du Dessin élémentaire.

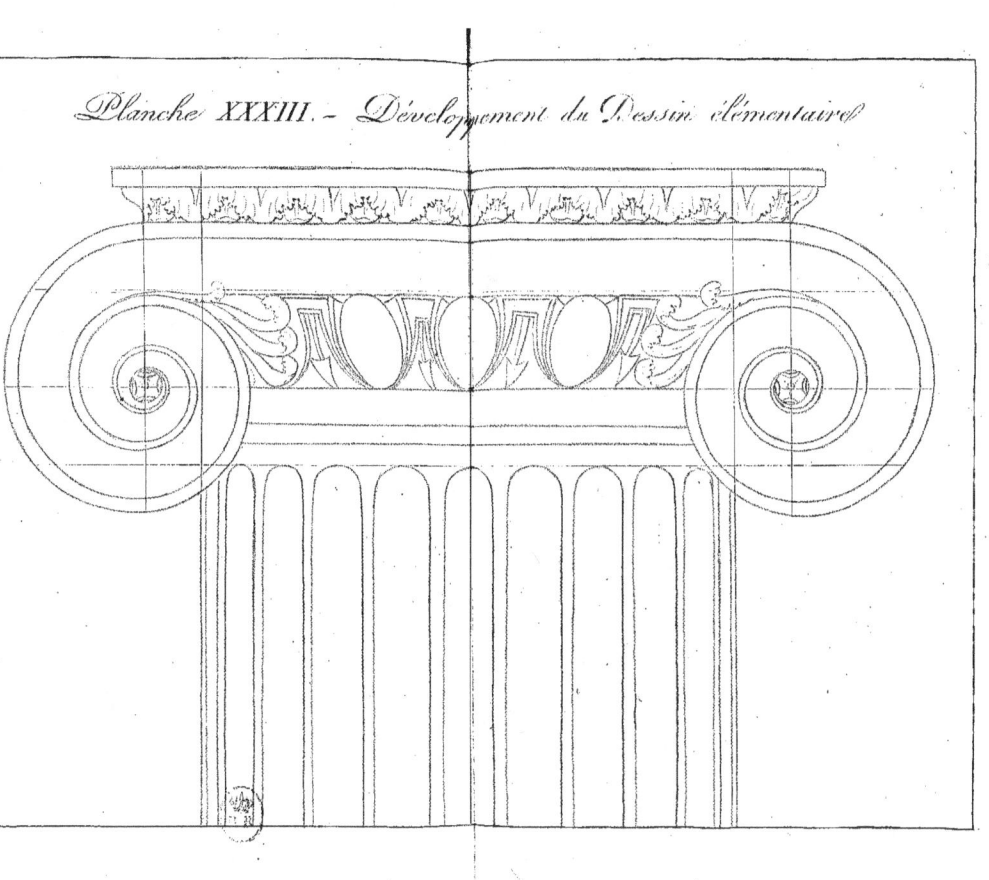

Planche XXXIII. - Développement du Dessin élémentaire

Pl. XXXIV. — Perspective. — Notions préliminaires.

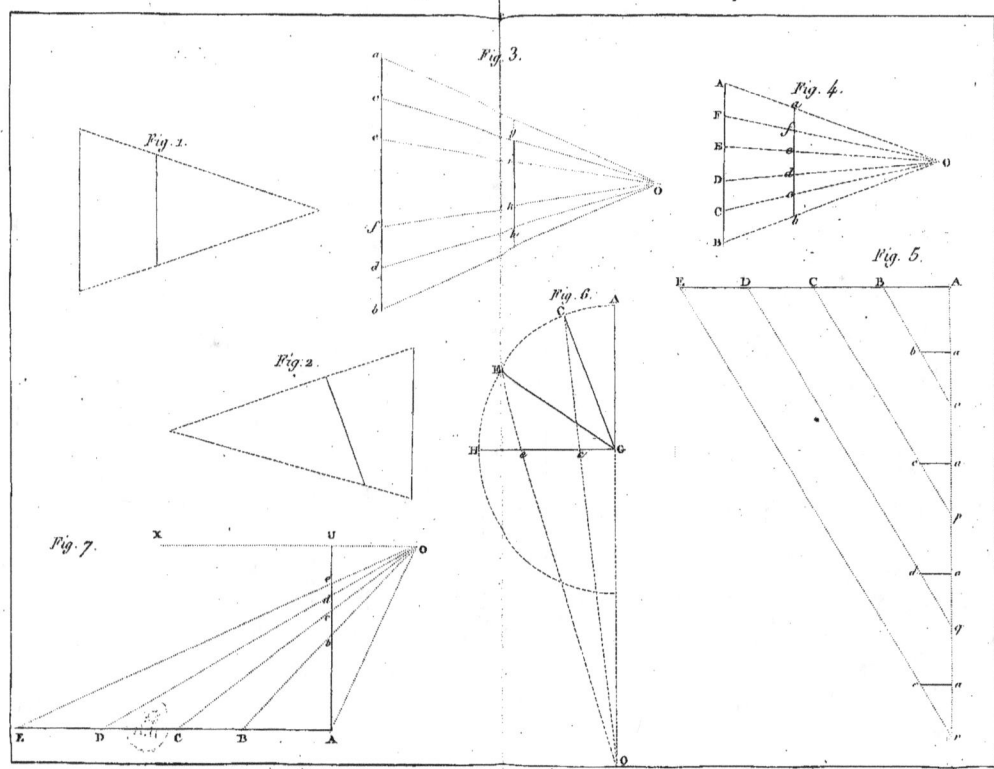

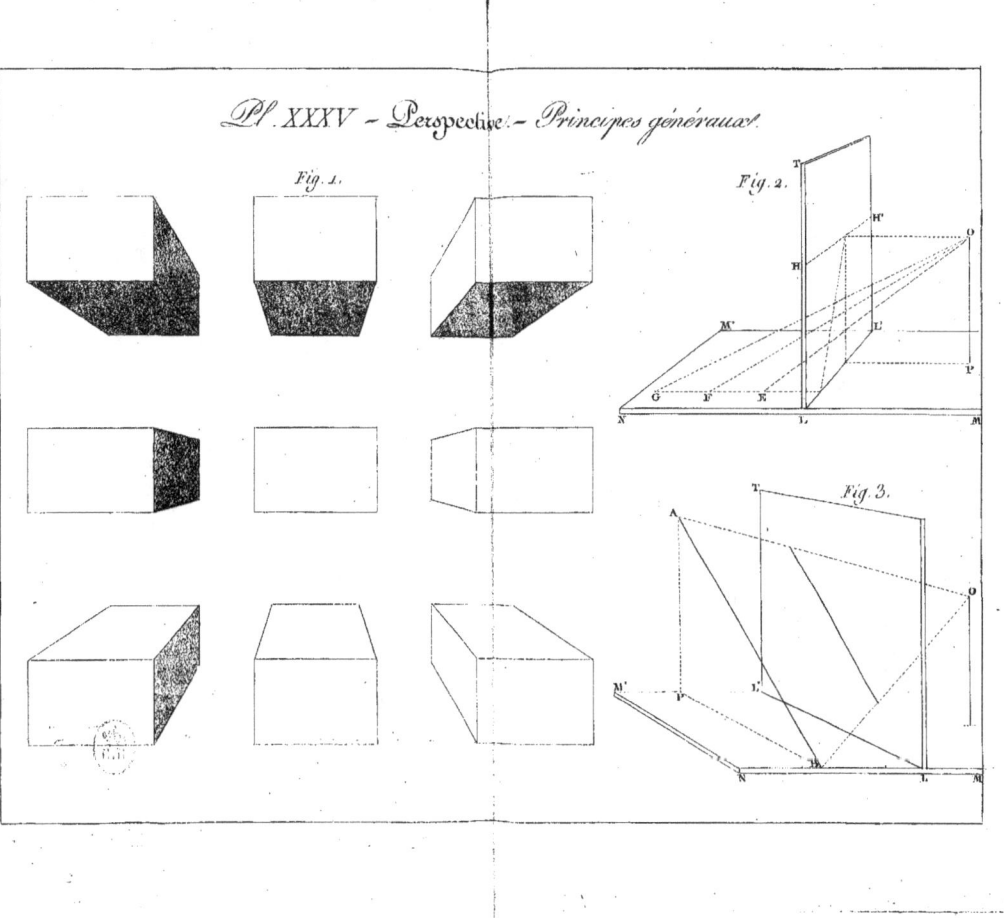

Pl. XXXV - Perspective - Principes généraux.

Fig. 1.

Fig. 2.

Fig. 3.

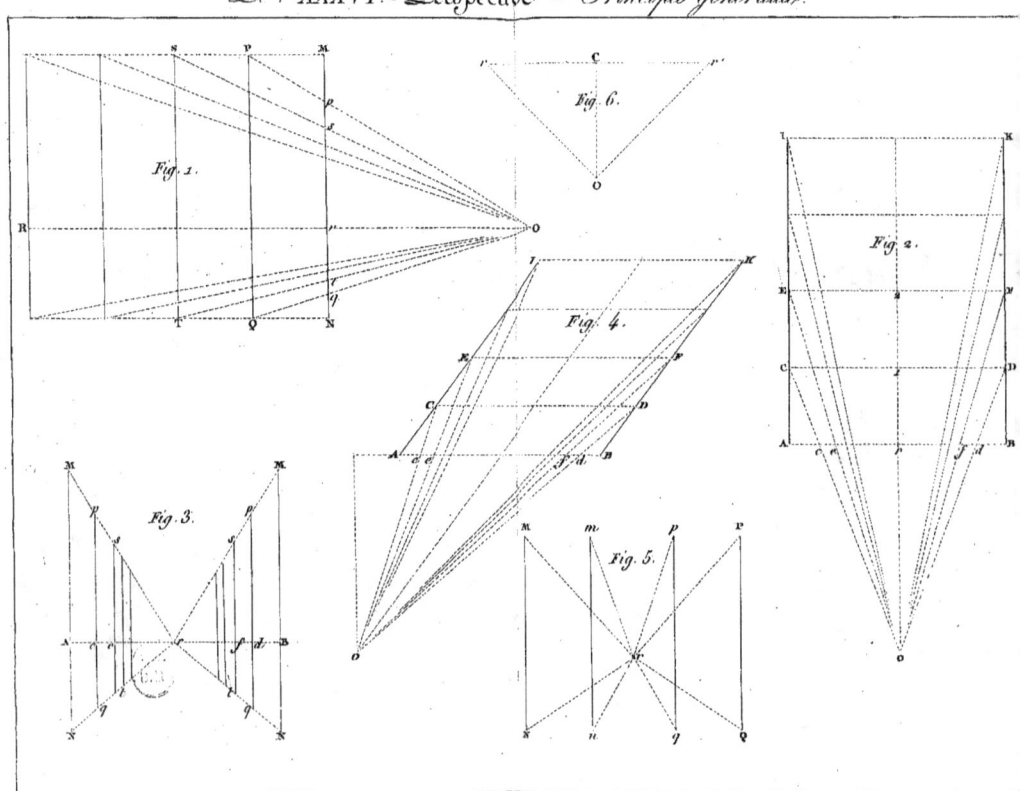

Pl. XXXVI. - Perspective - Principes généraux.

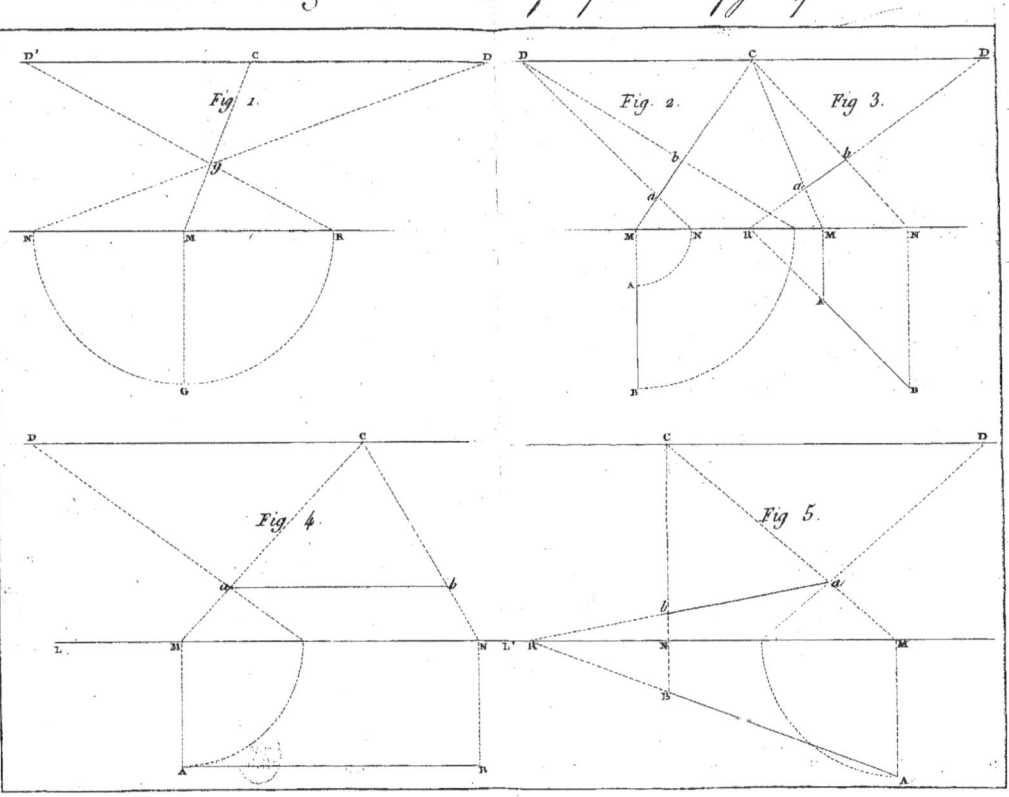

Pl. XXXVII - Perspective - Ex.ᵉˢ de la perspective des figures planes.

Pl. XXXVIII.—Perspective — Ex.^{es} de la perspective des figures planes.

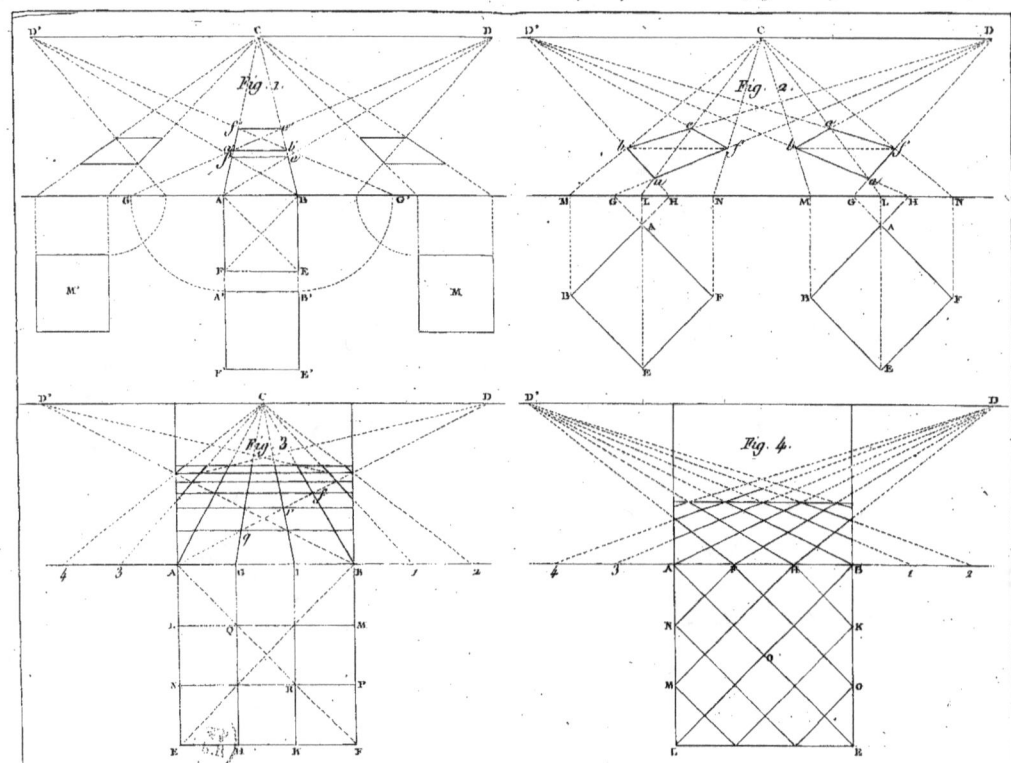

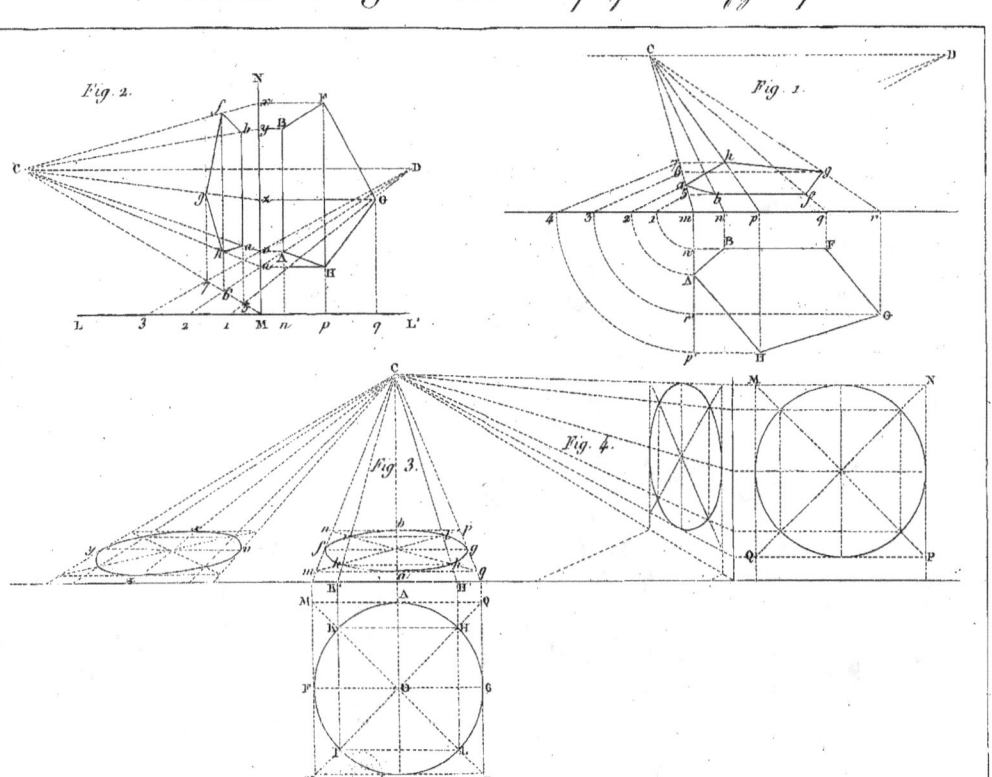

Pl. XL — Perspective — Ex.ᵉˢ de la perspective des figures planes.

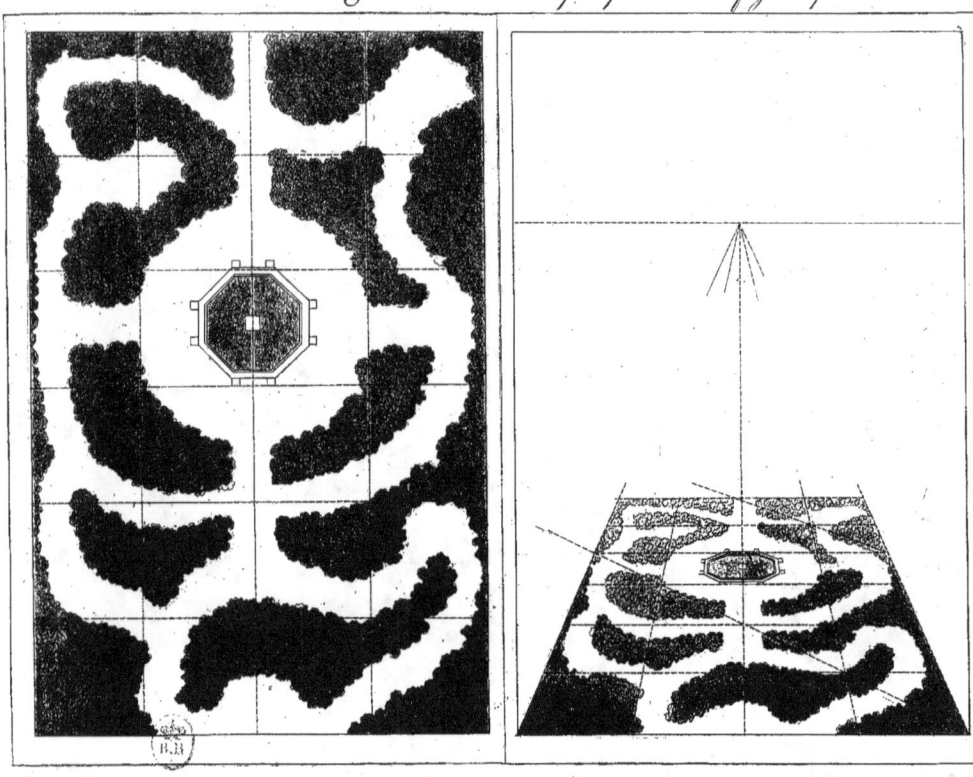

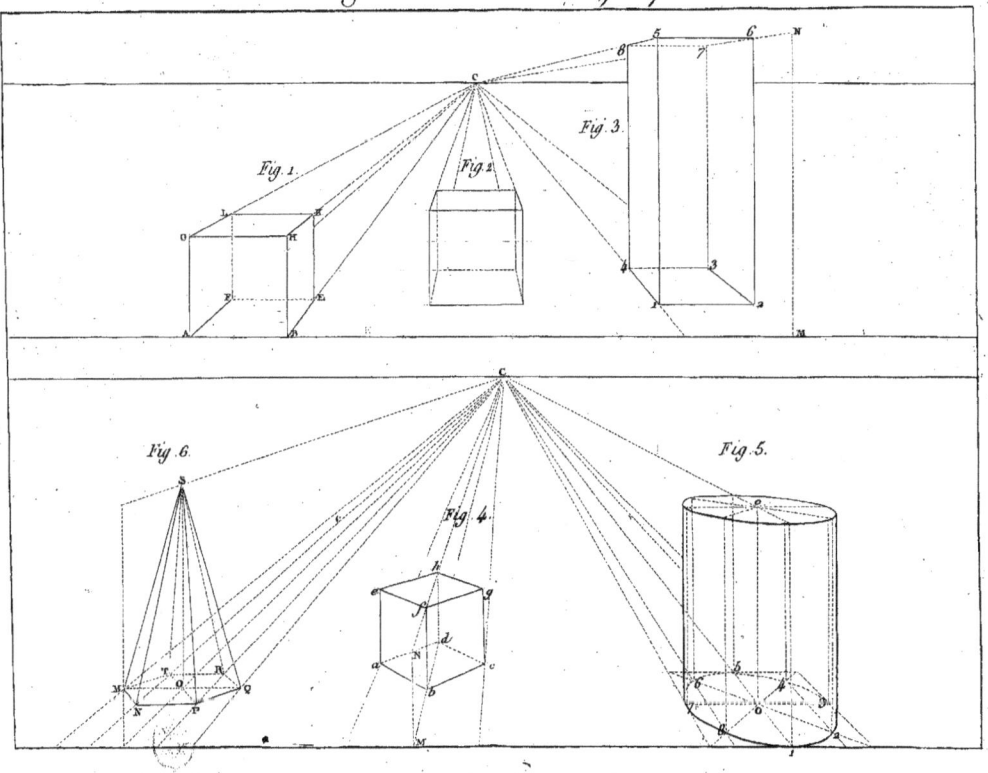

Pl. XLI. — Perspective — Err.^{rs} de la perspective des solides.

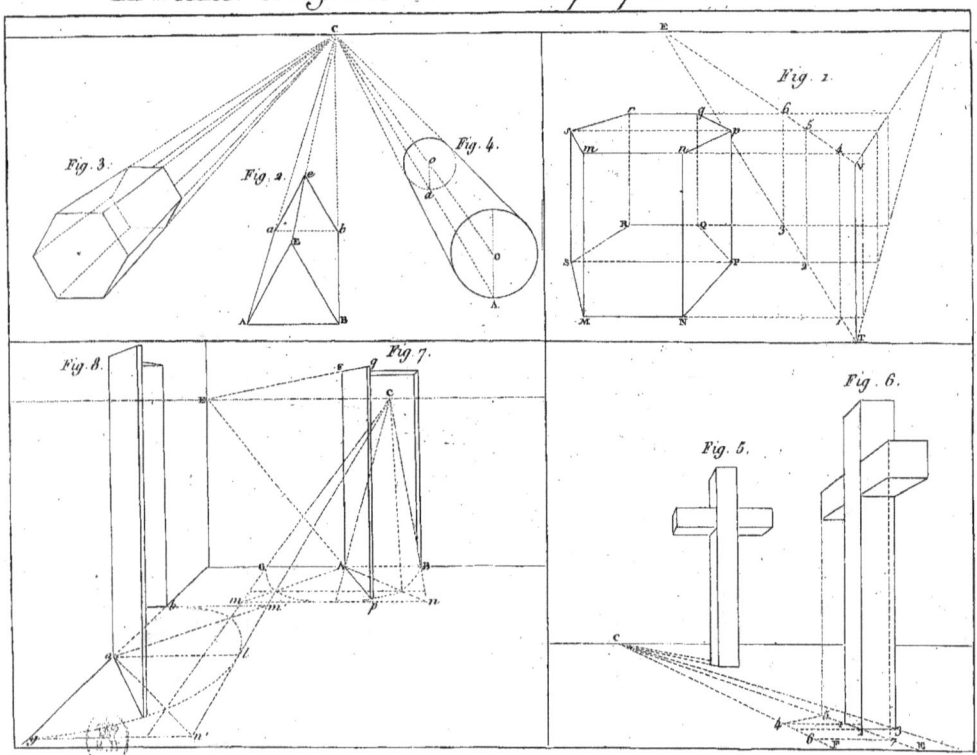

Pl. XLII.- Perspective - Ex.^{es} de la perspective des solides.

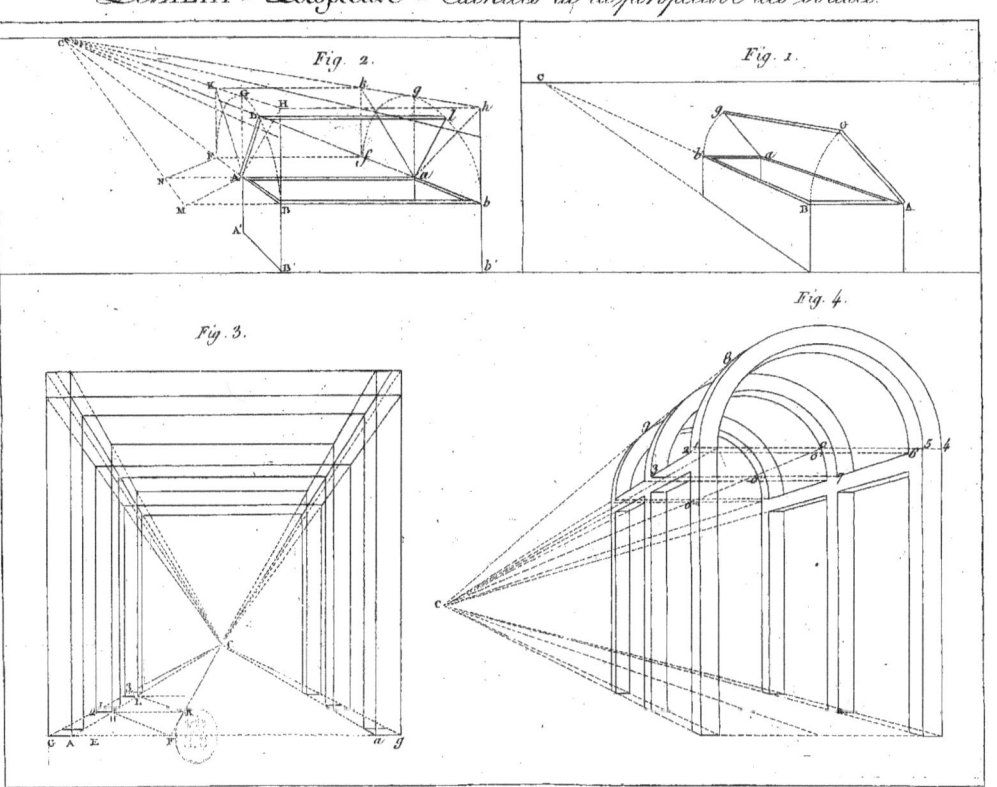

Pl. XLIII - Perspective - Exercices de la perspective des solides.

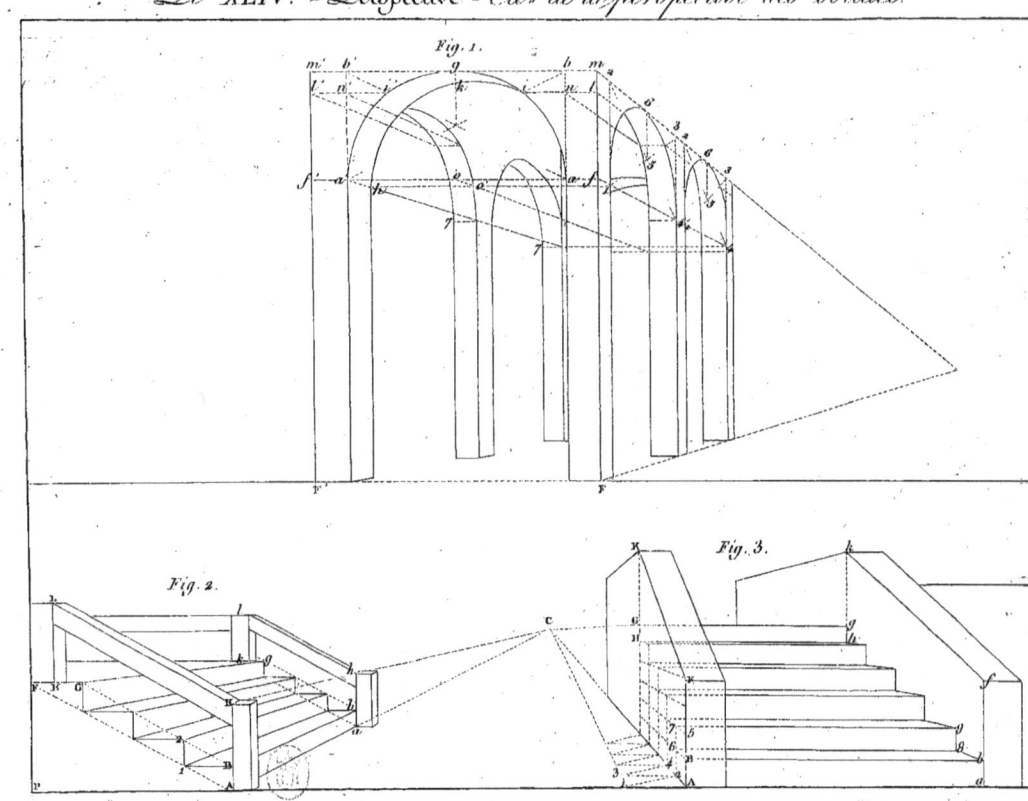

Pl. XLIV. – Perspective – Ex.ᶜᵉˢ de la perspective des solides.

Fig. 1.

Fig. 2.

Fig. 3.

Pl. XLV. - Perspective. - Ex.ces de la perspective des solides.

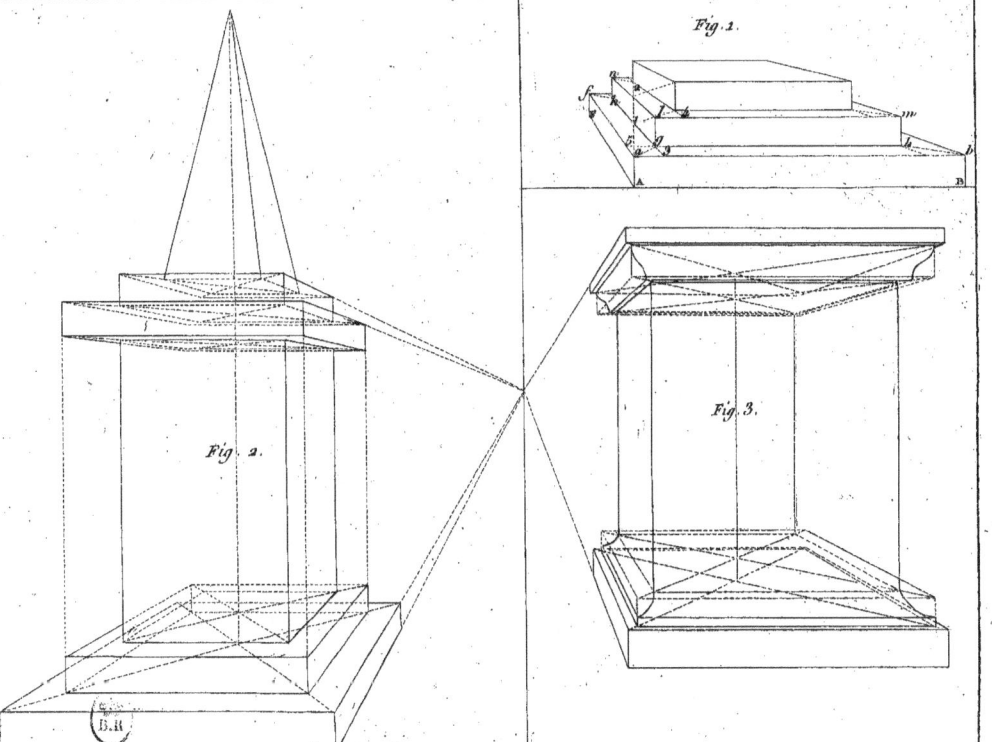

Pl. XLVI. – Perspective.

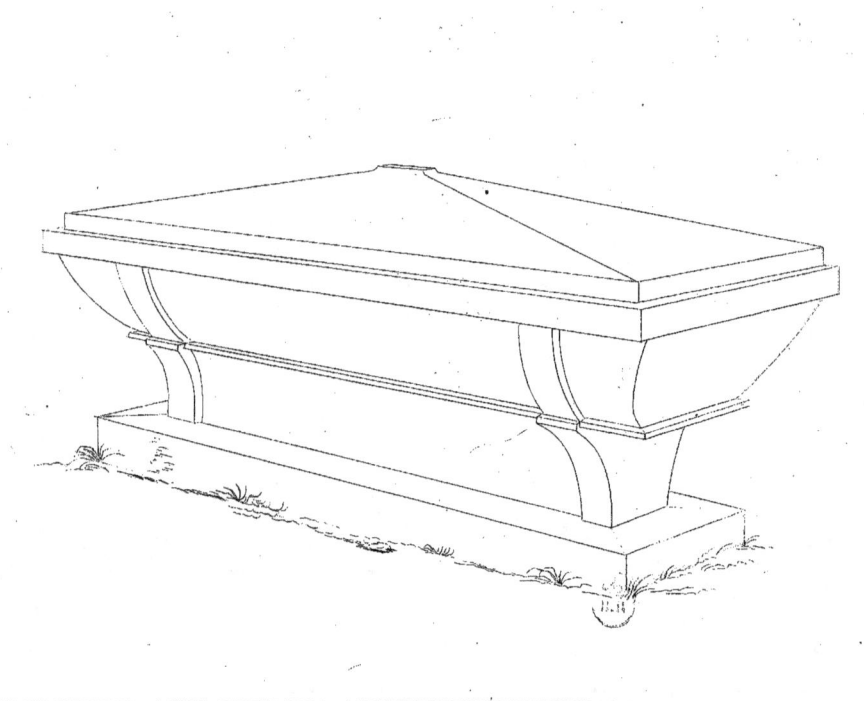

Pl. XLVII. - Perspective.

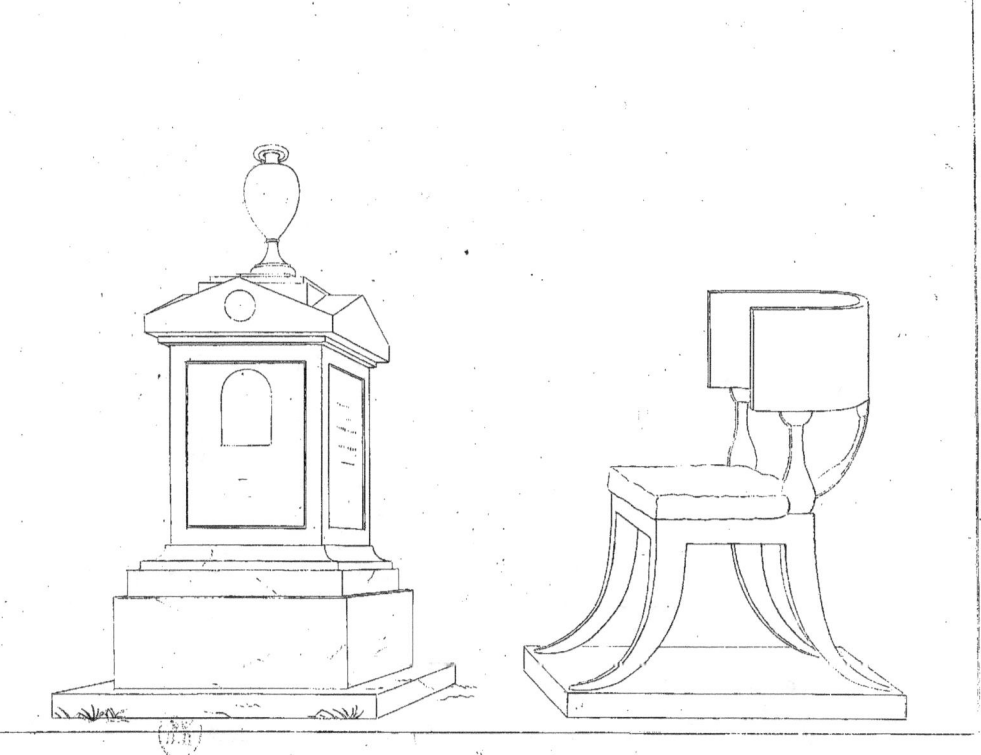

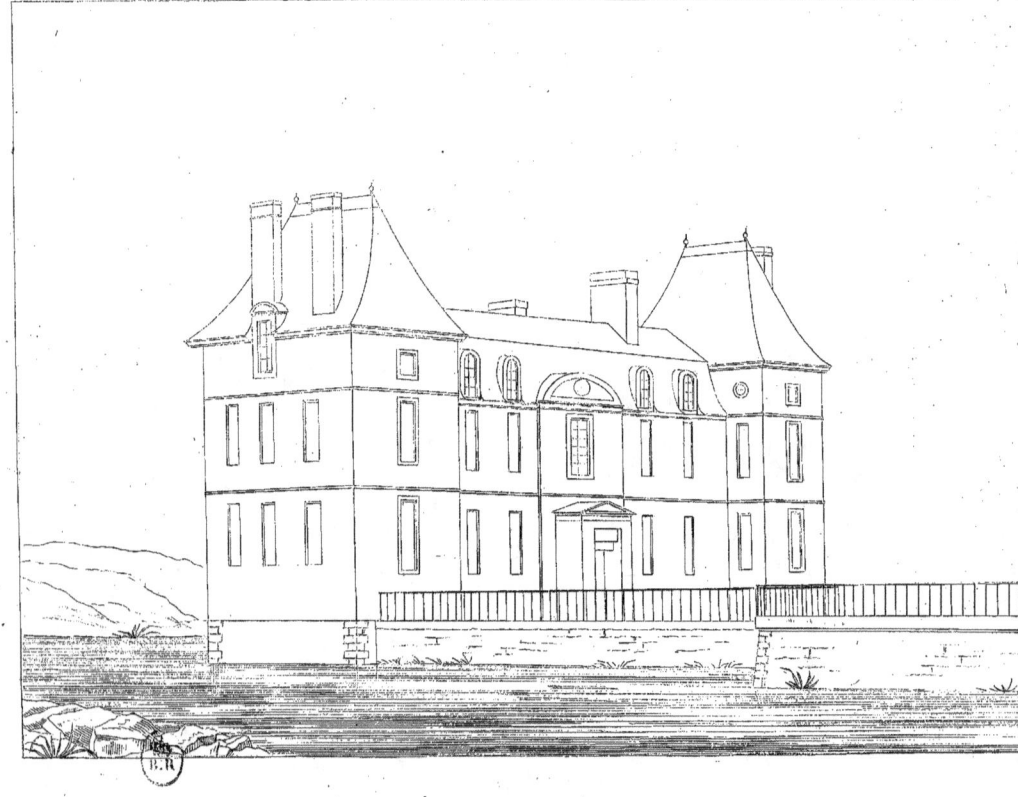

Pl. XLVIII. - Perspective

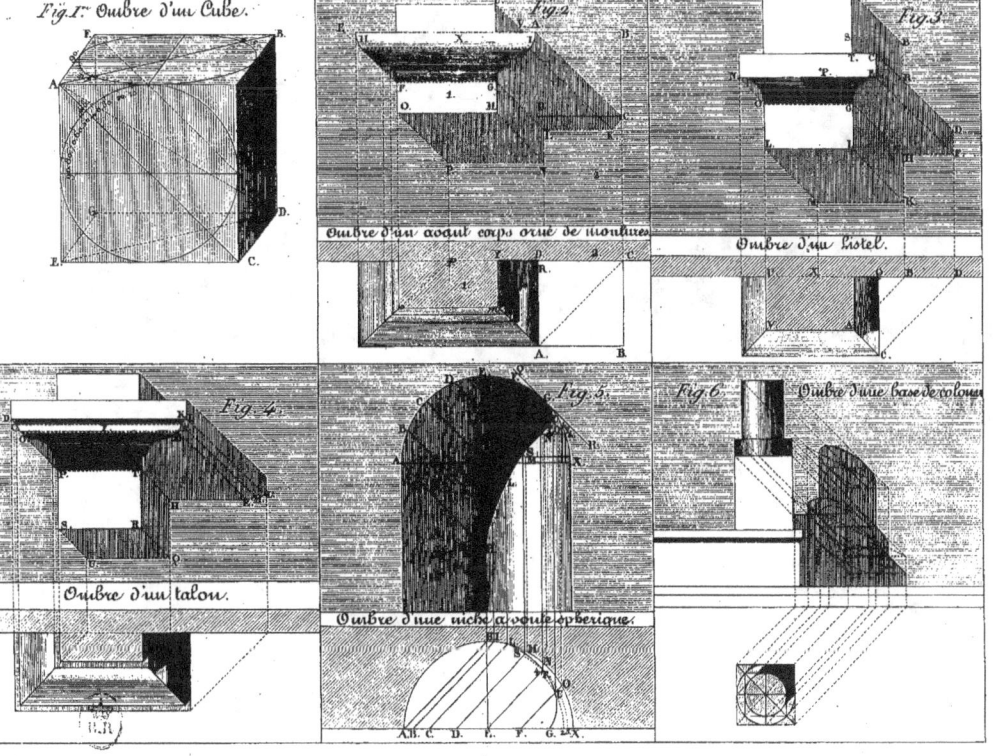

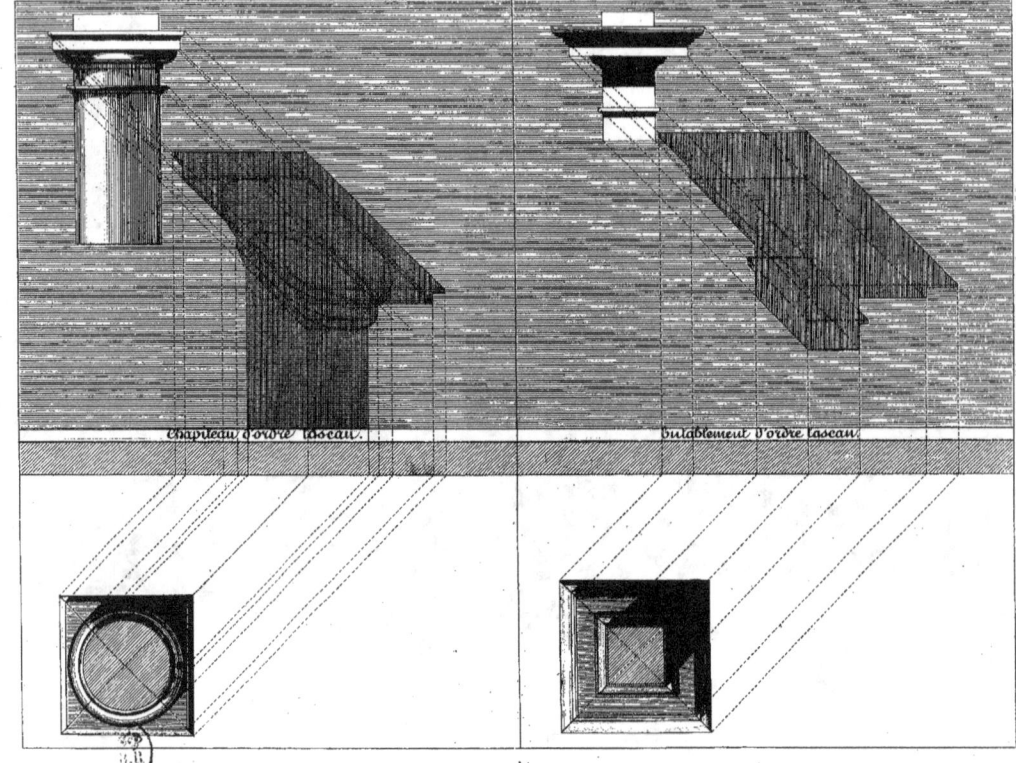

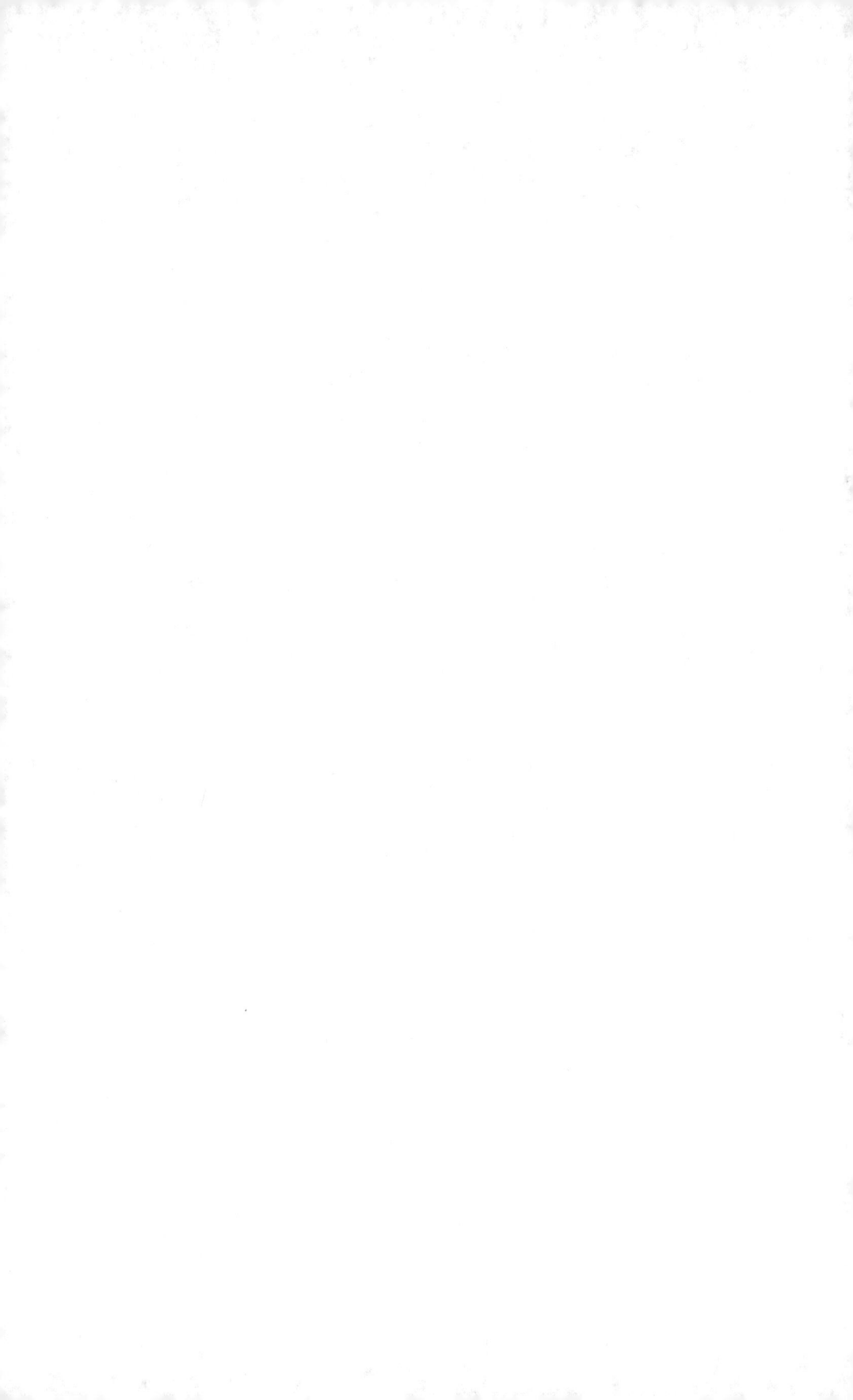

www.ingramcontent.com/pod-product-compliance
Lightning Source LLC
Chambersburg PA
CBHW030053230526
45471CB00003B/1082